漢字

학부모님들의 뜨거운 사랑, 최고의 학습지로 보답하겠습니다!

기탄학습지를 사랑해 주시는 전국의 유·초등학생, 그리고 학부모님 여러분!

　그동안 기탄교육은 대한민국 모든 어린이들이 공평한 교육기회를 누릴 수 있도록, 저렴하면서도 최고의 학습효과를 거둘 수 있는 서점용 학습지를 개발·보급하여 왔습니다. 대표 브랜드 기탄수학을 비롯하여 기탄사고력수학, 기탄국어와 급수한자, 스텐퍼드영단어 등 기탄의 학습지들은 자녀교육에 관심이 높은 학부모님들께 꾸준한 인기를 얻었으며, 그 결과 기탄수학이 3년 연속 주요 일간지 학습지부문 히트상품에 선정되기도 했습니다. 또한 외국 교포, 외국에서 근무하는 외교관이나 상사주재원의 자녀, 이민이나 조기유학을 떠나는 학생들에게 기탄학습지는 꼭 챙겨야 하는 중요품목으로 자리잡게 되었습니다.

　기탄교육은 이러한 성원에 힘입어 교재에 대한 다양한 요구를 수렴하고, 교육의 시대적 변화에 능동적으로 대처한 신개념 학습지 기탄한글과 기탄영어를 개발하여 전국의 학부모님들로부터 뜨거운 찬사를 받고 있습니다. 특히 세계 최초로 채택한 4 in 1 시스템 제본은 뛰어난 학습 효과는 물론이고, 고객중심의 사고로 우리나라 교육출판 역사에 한 획을 그은 획기적인 발상으로 평가받고 있습니다.

　이번에 새로이 선보인 「기탄한자」 역시 어린이들과 학부모님의 기대에 부응하는 최고의 한자학습지라 자부합니다. 최근 한자능력검정시험에 응시하여 자격증을 따는 초등학생의 숫자가 기하급수적으로 증가하는 등 한자교육의 중요성이 높아지고 있습니다. 특히 어릴 때부터 한자를 익히면 중국어나 일본어를 습득하는데도 큰 도움이 될 뿐만 아니라 국어의 언어능력이 높아지고 학습효과가 증대된다는 많은 연구보고가 있습니다.

　'곡식은 농부의 발자국 소리를 듣고 자란다' 는 말처럼 아이들 교육에서도 부모의 관심과 애정이 가장 큰 힘이요, 자양분입니다. 무조건 값비싼 사교육에 우리 아이들을 맡기기보다는 아이들 스스로 공부하는 힘을 길러줄 수 있도록 기초 교육만큼은 부모님께서 직접 챙겨 주십시오.
　앞으로도 저희 기탄교육은 항상 연구하고 노력하는 자세로 부모와 자녀가 함께 공부할 수 있는 좋은 교재를 개발하기 위해 모든 노력을 경주하겠습니다.

　기탄을 사랑하시는 전국의 모든 학부모님과 어린이 여러분께 진심으로 감사의 말씀을 드립니다.

(주) 기탄교육 임직원 일동

그림으로 익히고 놀이로 기억하는
〈입체 한자 학습프로그램〉

이미지 연상에 의한 그림 한자 학습

한자는 그림에서 출발한 문자입니다. 사물의 모양을 본떠서 점차 상징화된 표의문자(뜻글자)로 발전하여 오늘날 세계에서 가장 많은 수의 인구가 사용하는 문자가 되었습니다. 기탄한자는 아이들에게 한자를 그림의 일부로서 뜻을 기억하게 하고 사물의 모양에서 문자 요소를 각인하도록 하였습니다. 학습지업계 최초로 이미지 연상을 통한 그림 한자를 개발하여 아이들은 한자를 기호가 아닌 그림 덩어리로 받아들여 저절로 기억하게 됩니다.

자원변화 과정의 이해를 통한 원리 이해 학습

기탄한자는 무조건 쓰고 외우는 방식이 아니라 자원변화 과정의 이해를 통한 제자 원리를 이해하도록 합니다. 갑골문 – 금문 – 설문해자의 한자 변천 과정을 아이들의 눈으로 접해 보며 원리 이해에 의한 한자 학습을 진행합니다. 문자학계의 정설을 엄선하여 학문적으로 여러 번의 감수와 고증을 거친 한자 학습의 표본이 될 수 있는 한자 학습프로그램입니다.

학습 효과를 극대화하는 체계적인 학습 전개 방식

한 주의 학습 전개 방식은
복습 ➡ 도입 ➡ 전개 ➡ 활용 ➡ 정리 ➡ 상식 ➡ 놀이
학습의 순서로 전개됩니다.

복습 한 주 학습의 시작은 항상 지난 주에 학습했던 한자의 복습으로 출발합니다.

도입 재미있는 창작 동화를 통해 이번 주에 익힐 한자의 개념을 접하고 스티커 활동을 통해 흥미를 불러일으킵니다.

전개 각각 한자의 뜻과 소리와 모양 그리고 필순, 부수, 한자어 등을 익히게 됩니다.

활용 학습한 한자를 다양한 놀이 방법을 통하여 자연스럽게 좌뇌와 우뇌를 개발하는 이미지 학습법으로 한자 실력을 다져 나갑니다.

정리 앞서 익힌 3요소, 필순, 부수 등 한자의 가장 필수적인 내용을 마무리합니다.

상식 한자와 관련된 상식, 고사, 유래, 일화 등 여러 가지 흥미로운 이야기들을 엄마와 아이가 함께 읽어 나가면서 학습에 진정한 재미를 느낄 수 있습니다.

놀이 오리기, 접기, 만들기, 퍼즐 맞추기, 그림 그리기, 만화 등 아이의 오감을 이용할 수 있는 놀이 활동으로 한 주 학습을 마무리합니다.

아이들은 한자박사로,
엄마는 진정한 선생님으로 만들어 드립니다

아동의 좌우뇌 발달을 돕는 한자 학습

대뇌를 연구하는 학자들에 의하면 6세 이전에는 우뇌가 주로 발달하고 그 이후에는 좌뇌 발달이 이루어진다고 합니다. 우뇌는 이미지, 직관, 예술 등의 기능을 담당하고 좌뇌는 분석적, 논리적, 언어적인 역할을 담당합니다. 기탄한자만의 자랑인 그림 한자, 도트 연결 한자, 숨은 한자, 직관 한자 등 이미지 요소 학습을 통해 직관력과 통찰력을 키워 아이의 우뇌를 자극해 줍니다. 또, 뜻, 소리, 모양 분리하기, 규칙성 알기, 모눈한자 따라가기, 모양 추리하기, 한글·한자병기 학습은 아이의 좌뇌를 개발시켜 줍니다. 10세 미만의 아이라면 바로 기탄한자로 아이의 두뇌개발을 도와 주세요.

하나의 한자를 37회 연습하는 완전학습 프로그램

예를 들어 山(산/뫼 산)이라는 하나의 한자를 기탄한자 프로그램 내에서 총 37회의 학습 기회를 갖게 했습니다. 복습, 도입, 전개, 활용, 응용 등 다양한 학습의 장을 마련하여 아이들은 자신도 모르는 사이에 한자를 접하고 익히게 됩니다. 37회의 학습 기회는 한자를 완전학습으로 이끌어 주는 지름길이 됩니다.

다양한 놀잇감을 통한 입체적 놀이학습

기존의 주입식, 쓰기 일변도의 한자 학습법에서 벗어나 아이들의 오감을 자극하고 아이들이 학습의 주인공이 되는 부교재와 함께 학습합니다. 각 집(권)마다 한자 카드, 스티커는 물론, 한자어 카드와 모형놀이, 창열기 놀이, 파노라마 놀이, 조각 한자 맞추기 놀이, 병풍 놀이, 브로마이드 등 패키지 학습물 수준의 놀잇감이 아이들의 학습을 재미로 이끌어 줍니다.

독립적인 복습호 운용과 학습 성취도 평가 시스템

4주마다 한 번씩 복습주를 편성하여 앞서 익힌 한자들을 기억하도록 구성하였습니다. 이미 학습한 한자를 시간의 흐름과 함께 잊어버리지 않도록 각 집(권)마다 1호씩 총복습의 기회를 갖게 합니다. 또, 복습호에서는 일정 기간 동안의 학습 성취도를 점검하는 형성평가를 구성하여 올바른 진도 진행을 도왔습니다. 엄마는 집(권)별 형성평가와 각 단계별 총괄평가를 통하여 우리 아이의 학습 상황을 점검하고 적절한 동기유발과 칭찬으로 진정한 엄마 선생님이 될 수 있습니다.

〈형성평가와 총괄평가〉

어렸을 때 배운 한자는 평생을 통해 활용됩니다
한자 학습의 중요성이 날로 높아지고 있습니다

● **한자 학습은 왜 필요할까요?**

한자 학습은 이제 선택이 아닌 필수가 되었습니다. 우리의 언어 생활에 반드시 필요한 영역이라는 인식과 함께 한자가 지닌 학문적 전이성, 시대적 필요성 등이 재해석 되고 있기 때문입니다.

첫째, 우리말의 70% 이상이 한자어로 이루어졌기 때문에 기본적인 언어 생활에 도움을 줍니다. 곧 우리말을 바르게 이해하고 올바른 국어 생활을 하기 위해서는 한자를 아는 것이 필수적입니다.

둘째, 국어, 수학, 사회, 역사, 외국어 등 다른 학과 공부에 많은 도움을 줍니다. 예를 들어 수학을 공부할 때 분자(分子), 분모(分母), 분수(分數) 등 한자를 알고 있는 아이라면 수학의 개념도 훨씬 더 쉽고 정확하게 이해할 수 있습니다. 이렇게 한자는 타과목의 도구 교과적인 성격을 갖고 있습니다.

셋째, 어휘력과 이해력의 신장으로 문장 의미 파악이 쉬워져 책을 가까이 하는 아이로 만들어 줍니다. 한자는 조어력(造語力)과 의미 함축성이 매우 뛰어난 문자입니다. 이러한 이유로 전문서적이나 학술 용어 등은 한자로 표현되어 있습니다. 많은 양의 독서 경험은 곧 아이의 생각하는 힘과 창의력을 길러 줍니다.

넷째, 한자나 한문에는 선인들의 지혜와 윤리관이 배어 있어 바람직한 가치관과 예의범절을 배울 수 있습니다. 고전, 명문 속에 담긴 효행, 우애, 경로 등 사상적인 유산을 통해 바람직한 가치관을 가질 수 있고 나아가 사람이 해야 할 도리, 어른을 공경하는 자세, 학문을 배우는 자세 등도 익힐 수 있습니다.

● **한자 학습의 추세는 어떤가요?**

한자 사용을 사대주의적 발상, 중국의 문자 차용이라고 보는 종전의 시각에서 벗어나 이제는 우리 언어의 일부라는 인식이 확대되어 초등학생부터 성인까지 한자 학습 열풍이 불고 있습니다.

첫째, 한자능력검정시험의 자격증이 국가 공인 자격증으로 인정됨에 따라 유아~성인에 이르기까지 한자 학습 붐이 일고 있습니다.

둘째, 21세기의 주역으로 한자 문화권이 급부상함에 따라 중국어, 일본어의 기초로서 한자 학습의 열기가 높아지고 있습니다. 한자는 세계인구의 1/4이 사용하고 있는 국제 문자로서 앞으로 그 중요성은 날로 높아질 것입니다.

셋째, 2005년부터 대학 수학 능력 시험 외국어 영역에 한문 과목이 추가되고 중·고등학교의 시험 출제 유형에서 논술 유형 출제 비중이 높아짐에 따라 한자 학습의 조기 교육이 일반화되어 가고 있는 상황입니다.

넷째, 대부분의 초등학교에서 재량시간으로 한자 학습을 시행하고 있습니다. 70년대 이후 한자 교육을 전혀 받지 못했던 부모님들과는 달리 현재 대부분의 초등학생들이 한자를 배우고 있습니다.

다섯째, 각종 공문서, 도로 표지판 등에 한자를 병기하는 국가 정책과 경제계, 교육계 등 각계의 한자 학습 요구에 대한 발표로 한자 학습의 중요성은 더욱 높아지고 있는 상황입니다.

한자 학습은 아이의 두뇌를 개발해 줍니다
한자 학습의 체계! 기탄한자가 잡아 줍니다

● 한자 학습의 효과는 무엇인가요?

▶ 한자는 그림에서 시작된 문자로서 구체적 이미지 자체가 곧 문자가 되었습니다. 이러한 시각적 이미지를 통한 학습은 곧 아동의 우뇌를 자극해 줍니다.

▶ 한자는 하나의 기초 개념에서 새로운 개념을 창출해 나갑니다. 이러한 과정을 통하여 아동의 창의력, 어휘력을 길러 줍니다.

▶ 한자는 저마다의 뜻, 소리, 모양을 각기 지닌 문자입니다. 이렇게 저마다의 뜻과 소리, 모양을 분석하는 연습을 통해 아동의 좌뇌 발달을 돕습니다.

▶ 한자는 부수와 몸이라는 수많은 부속품들의 조합으로 이루어진 문자입니다. 이러한 부속품들의 분리와 합체 과정을 통해 아이의 좌뇌를 발달하게 하고 논리력, 분석력을 키워 줍니다.

▶ 한자가 갖는 문자학적 특징은 조어력, 의미 함축성, 의미 명시성이 있습니다. 이미 만들어진 한자와 한자를 결합하여 새로운 단어를 만드는 조어력, 의미를 함축적으로 표현할 수 있는 의미 함축성, 의미가 바로 드러나는 의미 명시성이 있습니다.

한자 학습의 연구가 활발히 이루어지는 일본에서는 한자 학습의 시기가 빠를수록 좋다고 합니다. 그것은 우뇌 발달 시기인 6세 이전에 표의문자를 더 쉽게 받아들일 수 있으며, 초등학교 1학년 때가 가장 높은 효과를 보인다는 주장입니다. 그러므로 어른들의 관점으로 한자가 유아들에게 어렵다는 편견은 버려야 하며 한글을 어느 정도 읽을 수 있는 시기라면 한자 학습의 적기라고 할 수 있습니다.

● 기탄한자는 어떻게 구성되었나요?

▶ 기탄한자는 그림과 놀이로 시작하는 기초 한자 과정에서부터 고전명저의 명문장까지 한자 학습의 체계를 세우는 프로그램입니다. 중학교 교육용 한자 900자의 범위에서 기초한자(낱자)과정 ➜ 조어(교과서 한자어)과정 ➜ 문장(고전)과정의 학습까지 한자 학습의 체계를 세우는 학습목표로 개발되었습니다.

▶ 기초한자(낱자)과정(A단계~D단계)에서는 한자를 처음 시작하는 유아에서 한자 학습의 경험이 없는 초등학교 2학년생을 대상으로 상형자, 지사자 등 쉬운 개념의 기초한자 168자를 익히게 됩니다.
시각 이미지를 통한 그림한자의 각인과 다양한 부교재를 통한 놀이 학습으로 재미있게 학습하는 특성을 지니고 있습니다. 또, 최고의 일러스트와 세련된 디자인으로 아동의 정서적 심미감을 기를 수 있는 프로그램입니다. 기존의 한자 교재와는 차별화된 학습 효과를 얻을 수 있습니다.

▶ 조어(교과서 한자어)과정(E단계~G단계)에서는 총 90여권의 초등학교 교과서에 쓰인 모든 한자어를 사용 빈도와 한자 난이도에 따라 분석한 방대한 양의 데이터베이스를 갖추어 156자의 학습 한자와 530여 한자어를 선정하였습니다.

신출 한자와 이미 학습한 기출 한자를 조합하여 새로운 어휘를 만들어 내는 무궁무진한 조어(造語)의 원리를 아이가 스스로 깨달아 이해력과 어휘력이 높은 아이로 자라나게 해줍니다. 또 단편적인 한자 암기 학습에서 벗어나 국어, 수학, 사회, 과학 영역의 다양한 예문 학습과 창작 동화, 인물, 시, 신문, 고전이야기 등의 학습으로 학교 수업에 자신감을 길러 주고 나아가 어휘력, 사고력 향상으로 논술의 기초 능력까지 배양해 줍니다.

구성내용

A·B단계 교재별 구성내용은 이렇습니다

◆ 기탄한자 **A단계** 호별 학습 내용 및 부교재

집	호		학습 한자	학습 한자어	부교재
1집	1	1a ~ 12a	山, 川, 日	강산, 등산/ 하천, 산천/ 日기, 日월	한자 모형 놀이 한자 카드 한자어 카드
	2	13a ~ 24a	月, 火, 水	반월, 月급/ 火산, 火재/ 水영장, 水요일	
	3	25a ~ 36a	木, 金, 土	木수, 식木일/ 金구, 황金/ 국土, 土지	
	4	37a ~ 48a	복습+놀이 학습	복습	
2집	5	49a ~ 60a	一, 二, 三	一등, 통一/ 二층, 二학년/ 三각형, 三총사	한자 창열기 놀이 한자 카드 한자어 카드
	6	61a ~ 72a	四, 五, 六	四방, 四계절/ 五선지, 五월/ 六학년, 六반	
	7	73a ~ 84a	七, 八, 九	북두七성, 七면조/ 八도강산, 八방미인/ 九관조, 九구단	
	8	85a ~ 96a	복습+놀이 학습	복습	
3집	9	97a ~ 108a	十, 百, 千	十자가, 十월/ 百점, 百화점/ 千자문, 千리마	한자 파노라마 놀이 한자 카드 한자어 카드
	10	109a ~ 120a	耳, 目, 口	耳목, 耳비인후과/ 제目, 면目/ 식口, 출입口	
	11	121a ~ 132a	人, 手, 足	人간, 人형/ 手술, 선手/ 足구, 수足	
	12	133a ~ 144a	복습+놀이 학습	복습	
4집	13	145a ~ 156a	田, 石, 玉	유田, 대田/ 石공, 石굴암/ 백玉, 玉동자	한자 브로마이드 한자 카드
	14	157a ~ 168a	力, 大, 小	인力거, 풍力/ 大학생, 大가족/ 小아과, 小인국	
	15	169a ~ 180a	上, 中, 下	上의, 上행선/ 中국, 中심/ 下교, 下인	
	16	181a ~ 192a	복습+총괄 평가+놀이 학습	복습	

◆ 기탄한자 **B단계** 호별 학습 내용 및 부교재

집	호		학습 한자	학습 한자어	부교재
1집	1	1a ~ 12a	犬, 牛, 羊	충犬, 애犬/ 牛유, 牛마차/ 羊모, 백羊	한자 모형 놀이 한자 카드 한자어 카드
	2	13a ~ 24a	父, 母, 子	父모, 父자/ 母녀, 학父母/ 子녀, 여子	
	3	25a ~ 36a	生, 心, 身	生일, 선生/ 心신, 안心/ 身체, 身장	
	4	37a ~ 48a	복습+놀이 학습	복습	
2집	5	49a ~ 60a	車, 士, 己	車도, 자전車/ 군士, 박士/ 자己, 극己	한자 창열기 놀이 한자 카드 한자어 카드
	6	61a ~ 72a	自, 工, 門	自동차, 自연/ 목工, 工장/ 대門, 창門	
	7	73a ~ 84a	刀, 王, 白	단刀, 은장刀/ 王자, 국王/ 白지, 흑白	
	8	85a ~ 96a	복습+놀이 학습	복습	
3집	9	97a ~ 108a	魚, 貝, 鳥	인魚, 魚항/ 貝물, 貝총/ 백鳥, 길鳥	한자 파노라마 놀이 한자 카드 한자어 카드
	10	109a ~ 120a	主, 册, 雨	主인, 主객/ 册상, 공册/ 雨산, 雨의	
	11	121a ~ 132a	風, 里, 竹	風차, 강風/ 里장, 里정표/ 竹림, 竹도	
	12	133a ~ 144a	복습+놀이 학습	복습	
4집	13	145a ~ 156a	草, 花, 馬	약草, 草가/ 무궁花, 花원/ 경馬장, 馬부	한자 브로마이드 한자 카드
	14	157a ~ 168a	男, 女, 夕	男녀, 미男/ 소女, 선女/ 夕양, 夕추	
	15	169a ~ 180a	舌, 齒, 面	작舌차, 舌음/ 齒과, 충齒/ 가面, 수面	
	16	181a ~ 192a	복습+총괄 평가+놀이 학습	복습	

C · D단계 교재별 구성내용은 이렇습니다

◆ 기탄한자 C단계 호별 학습 내용 및 부교재

집	호		학습 한자	학습 한자어	부교재
1집	1	1a ~ 12a	文, 化, 言, 才	文인, 文신/ 化석, 문化/ 言어, 言론/ 다才, 천才	한자 맞추기 놀이 한자 카드 한자어 카드
	2	13a ~ 24a	兄, 弟, 交, 友	兄弟, 학부兄/ 의형弟, 弟자/ 交통, 외交/ 交友, 전友	
	3	25a ~ 36a	多, 少, 血, 肉	多정, 多소/ 少녀, 노少/ 심血, 血육/ 肉식, 肉신	
	4	37a ~ 48a	복습+놀이 학습	복습	
2집	5	49a ~ 60a	出, 入, 內, 外	出구, 出생/ 入구, 출入/ 국內, 차內/ 外국, 내外	한자 병풍 놀이 한자 카드 한자어 카드
	6	61a ~ 72a	去, 來, 立, 坐	去래, 과去/ 來일, 미來/ 자立, 立동/ 정坐	
	7	73a ~ 84a	光, 明, 行, 步	光명, 풍光/ 문明, 明월/ 산行, 行진/ 步병, 步행	
	8	85a ~ 96a	복습+놀이 학습	복습	
3집	9	97a ~ 108a	天, 地, 江, 河	天사, 天국/ 천地, 地구/ 江산, 江촌/ 河천, 은河수	한자 주사위 놀이 한자 카드 한자어 카드
	10	109a ~ 120a	毛, 皮, 角, 蟲	毛피, 양毛/ 목皮, 皮혁/ 녹角, 직角/ 초蟲, 해蟲	
	11	121a ~ 132a	古, 今, 衣, 食	古목, 古서/ 古今, 今일/ 우衣, 하衣/ 외食, 초食	
	12	133a ~ 144a	복습+놀이 학습	복습	
4집	13	145a ~ 156a	君, 臣, 兵, 卒	君주, 君신/ 臣하, 충臣/ 兵사, 兵력/ 卒병, 卒업	한자 브로마이드 한자 카드
	14	157a ~ 168a	方, 向, 左, 右	지方, 方향/ 풍向, 남向/ 左우, 左향左/ 右회전, 좌右명	
	15	169a ~ 180a	本, 末, 分, 合	근本, 本인/ 末일, 본末/ 分교, 分수/ 合창, 合심	
	16	181a ~ 192a	복습+총괄 평가+놀이 학습	복습	

◆ 기탄한자 D단계 호별 학습 내용 및 부교재

집	호		학습 한자	학습 한자어	부교재
1집	1	1a ~ 12a	靑, 赤, 音, 色	靑산, 靑년/ 赤색, 赤십자/ 音악, 音색/ 백色, 色지	한자 맞추기 놀이 한자 카드 한자어 카드
	2	13a ~ 24a	住, 所, 姓, 名	의식住, 住택/ 所감, 장所/ 姓명, 백姓/ 名작, 지名	
	3	25a ~ 36a	利, 用, 有, 無	利용, 예利/ 공用, 식用/ 有명, 소有/ 無인도, 無례	
	4	37a ~ 48a	복습+놀이 학습	복습	
2집	5	49a ~ 60a	公, 平, 意, 思	公공, 公무원/ 平화, 平야/ 意견, 동意/ 思고, 思상	한자 병풍 놀이 한자 카드 한자어 카드
	6	61a ~ 72a	老, 弱, 貧, 富	老인, 원老/ 弱세, 노弱/ 貧약, 貧혈/ 富귀, 富자	
	7	73a ~ 84a	正, 直, 忠, 孝	正직, 正답/ 直선, 直각/ 忠성, 忠언/ 孝도, 孝녀	
	8	85a ~ 96a	복습+놀이 학습	복습	
3집	9	97a ~ 108a	前, 後, 走, 止	역前, 오前/ 오後, 식後/ 활走로, 경走/ 止혈, 금止	한자 주사위 놀이 한자 카드 한자어 카드
	10	109a ~ 120a	法, 道, 完, 全	法률, 法원/ 道로, 道덕/ 完승, 完성/ 全국, 안全	
	11	121a ~ 132a	善, 惡, 長, 短	善악, 善행/ 惡마, 惡몽/ 長검, 사長/ 장短, 短명	
	12	133a ~ 144a	복습+놀이 학습	복습	
4집	13	145a ~ 156a	世, 界, 國, 家	世계, 출世/ 외界, 정界/ 國왕, 國어/ 家족, 작家	한자 브로마이드 한자 카드
	14	157a ~ 168a	東, 西, 見, 聞	東서남북, 東해/ 西구, 西부/ 발見, 見학/ 신聞, 풍聞	
	15	169a ~ 180a	南, 北, 兒, 童	南극, 南대문/ 北극, 北상/ 유兒, 兒동/ 목童, 童화	
	16	181a ~ 192a	복습+총괄 평가+놀이 학습	복습	

구성내용

E단계 교재별 구성내용은 이렇습니다

◆ 기탄교과서한자 E단계 호별 학습 내용 및 부교재

집	호		학습 한자	학습 한자어		심화 영역		부교재
1집	1	1a~16a	寸京品市	寸 : 四寸, 外三寸, 四寸間 品 : 食品, 用品, 作品	京 : 上京, 京繼道, 京仁線 市 : 市內, 市場, 市立	창작동화	소중한 지폐 한 장 1	한자 카드 쓰기보따리 형성평가
						고사성어	水魚之交	
						시	사랑스런 추억 - 윤동주	
	2	17a~32a	巨具各曲	巨 : 巨人, 巨大, 巨木 各 : 各各, 各自, 各國	具 : 家具, 道具, 用具 曲 : 作曲, 曲線, 行進曲	창작동화	소중한 지폐 한 장 2	
						고사성어	他山之石	
						시	봄 - 빅토르 위고	
	3	33a~48a	可由原因	可 : 可能, 可決, 不可能 原 : 原子力, 原因, 草原	由 : 自由, 由來, 理由 因 : 原因, 因果, 要因	창작동화	슬기로운 재판 1	
						고사성어	見物生心	
						시	절정 - 이육사	
	4	49a~64a	복습	복습		창작동화	슬기로운 재판 2	
						고사성어	漁夫之利	
						시	동방의 등불 - 타고르	
2집	5	65a~80a	同求失反	同 : 同生, 同行, 合同 失 : 失手, 失明, 失言	求 : 求心力, 要求, 求人 反 : 反面, 反省, 反共	창작동화	닭이 사람과 함께 살게 된 이유 1	한자 카드 쓰기보따리 형성평가
						고사성어	五十步百步	
						시	접동새 - 김소월	
	6	81a~96a	告共首民	告 : 忠告, 原告, 告白 首 : 自首, 首弟子, 首相	共 : 共同, 公共, 共生 民 : 市民, 國民, 民心	창작동화	닭이 사람과 함께 살게 된 이유 2	
						고사성어	登龍門	
						시	눈 내린 아침 - 이인로	
	7	97a~112a	元先年回	元 : 元日, 元金, 元來 年 : 少年, 靑年, 一年	先 : 先生, 先山, 先王 回 : 一回用品, 河回, 回轉	창작동화	쇠를 먹는 쥐 1	
						고사성어	馬耳東風	
						시	눈 오는 저녁 - 김소월	
	8	113a~128a	복습	복습		창작동화	쇠를 먹는 쥐 2	
						고사성어	白眉	
						시	만돌이 - 윤동주	
3집	9	129a~144a	不非未必	不 : 不足, 不公平, 不平 未 : 未安, 未來, 未完成	非 : 非行, 是非, 非常口 必 : 必要, 生必品, 不必要	창작동화	세 친구 1	한자 카드 쓰기보따리 형성평가
						고사성어	多多益善	
						시	삶이 그대를 속일지라도 - 푸슈킨	
	10	145a~160a	知加字幸	知 : 知人, 知己, 告知 字 : 文字, 數字, 十字	加 : 加入, 加味, 加工 幸 : 多幸, 不幸, 幸福	창작동화	세 친구 2	
						고사성어	聞一知十	
						시	집 - 김영랑	
	11	161a~176a	表形味香	表 : 表面, 表情, 表明 味 : 意味, 風味, 口味	形 : 人形, 三角形, 地形 香 : 香水, 香氣, 香	창작동화	꿀강아지 1	
						고사성어	知音	
						시	올벼 고개 숙이고 - 이현보	
	12	177a~192a	복습	복습		창작동화	꿀강아지 2	
						고사성어	竹馬故友	
						시	행복 - 한용운	
4집	13	193a~208a	星軍相和	星 : 行星, 天王星, 北斗七星 相 : 首相, 人相, 色相	軍 : 軍人, 國軍, 軍士 和 : 平和, 和音, 共和國	창작동화	흰 코끼리의 전설	한자 카드 쓰기보따리 형성평가
						고사성어	千里眼	
						시	나그네의 밤 노래 - 괴테	
	14	209a~224a	單別命祖	單 : 單元, 名單, 食單 命 : 生命, 人命, 命令	別 : 別名, 別世, 分別 祖 : 先祖, 祖上, 祖父母	창작동화	뱀이 기어 다니게 된 이유 1	
						고사성어	朝三暮四	
						시	말 없는 청산이오 - 성혼	
	15	225a~240a	居章異再	居 : 住居, 居室, 同居 異 : 異常, 異意, 大同小異	章 : 文章, 圖章, 樂章 再 : 再生, 再活用, 再三	창작동화	뱀이 기어 다니게 된 이유 2	
						고사성어	一擧兩得	
						시	〈사랑〉을 사랑하여요 - 한용운	
	16	241a~256a	복습	복습		창작동화	뱀이 기어 다니게 된 이유 3	
						고사성어	溫故知新	
						시	삶의 아침인사 - 애너 리티셔 바볼드	

F단계 교재별 구성내용은 이렇습니다

◆ 기탄교과서한자 F단계 호별 학습 내용 및 부교재

집	호		학습 한자	학습 한자어		심화 영역		부교재
1집	1	1a~16a	仁 仙 信 休	仁: 仁川, 仁祖, 仁君 信: 信用, 自信, 信念	仙: 仙女, 水仙花, 仙人 休: 公休日, 休火山, 休息	창작동화	달밤에 얻은 행운 1	한자 카드 쓰기보따리 형성평가
						고사성어	天高馬肥	
						전래동화	빨간부채 파란부채	
	2	17a~32a	安 宅 官 容	安: 不安, 安心, 安全 官: 法官, 官家, 外交官	宅: 住宅, 自宅, 宅地 容: 容恕, 內容, 美容	창작동화	달밤에 얻은 행운 2	
						고사성어	大器晩成	
						전래동화	사만년을 산 사람	
	3	33a~48a	海 洋 漁 洗	海: 地中海, 東海, 海外 漁: 漁夫, 漁村, 出漁	洋: 東洋, 西洋, 海洋 洗: 洗手, 洗車, 洗面	창작동화	백일홍이야기 1	
						고사성어	孟母三遷	
						전래동화	소금을 만드는 맷돌	
	4	49a~64a	복습	복습		창작동화	백일홍이야기 2	
						고사성어	蛇足	
						전래동화	우렁각시	
2집	5	65a~80a	他 位 俗 保	他: 他人, 他地, 自他 俗: 民俗, 風俗, 世俗	位: 方位, 品位, 單位 保: 保全, 安保, 保有	창작동화	꾀 많은 장님 1	한자 카드 쓰기보따리 형성평가
						고사성어	梁上君子	
						전래동화	꼭두각시와 목도령	
	6	81a~96a	守 室 客 定	守: 守則, 保守, 守兵 客: 主客, 客室, 客地	室: 室內, 居室, 王室 定: 一定, 決定, 安定	창작동화	꾀 많은 장님 2	
						고사성어	良藥苦於口	
						전래동화	잊으랴 한 건 안 잊고	
	7	97a~112a	林 村 材 校	林: 山林, 國有林, 竹林 材: 木材, 石材, 人材	村: 山村, 漁村, 民俗村 校: 下校, 校長, 校門	창작동화	바보 영웅 이야기 1	
						고사성어	座右銘	
						전래동화	반쪽이	
	8	113a~128a	복습	복습		창작동화	바보 영웅 이야기 2	
						고사성어	矛盾	
						전래동화	고양이와 푸른 구슬	
3집	9	129a~144a	決 洞 注 流	決: 決定, 決心, 可決 注: 注文, 注意, 注目	洞: 洞口, 洞長, 仁寺洞 流: 上流, 交流, 流行	창작동화	꾀를 잡은 이발사	한자 카드 쓰기보따리 형성평가
						고사성어	同床異夢	
						전래동화	임자가 따로 있는 요술 궤짝	
	10	145a~160a	便 作 使 代	便: 便利, 便安, 大便 使: 使用, 天使, 使臣	作: 作心三日, 作用, 作品 代: 古代, 代表, 代身	창작동화	수수께끼 하나	
						고사성어	結草報恩	
						전래동화	배나무골 이도령	
	11	161a~176a	念 志 感 想	念: 信念, 記念, 一念 感: 共感, 自信感, 所感	志: 意志, 同志, 志士 想: 回想, 思想, 感想	창작동화	행운을 찾아다니는 사나이 1	
						고사성어	井中之蛙	
						전래동화	하늘 나라 빛 구경	
	12	177a~192a	복습	복습		창작동화	행운을 찾아다니는 사나이 2	
						고사성어	近墨者黑	
						전래동화	송뭉치 꼬리가 된 토끼	
4집	13	193a~208a	計 記 語 詩	計: 時計, 合計, 生計 語: 用語, 國語, 言語	記: 日記, 記入, 記念 詩: 童詩, 詩人, 三行詩	창작동화	그림자 없는 탑 1	한자 카드 쓰기보따리 형성평가
						고사성어	有備無患	
						전래동화	은혜 갚은 까치	
	14	209a~224a	情 性 進 造	情: 人情, 友情, 心情 進: 行進, 進出, 先進國	性: 性品, 性情, 女性 造: 造成, 造形, 人造	창작동화	그림자 없는 탑 2	
						고사성어	走馬看山	
						전래동화	두 개가 된 금덩이	
	15	225a~240a	始 好 雲 雪	始: 始作, 元始, 始祖 雲: 星雲, 白雲, 靑雲	好: 同好人, 好意, 好感 雪: 白雪, 雪景, 雪山	창작동화	그림자 없는 탑 3	
						고사성어	螢雪之功	
						전래동화	구렁이 신랑	
	16	241a~256a	복습	복습		창작동화	그림자 없는 탑 4	
						고사성어	苦盡甘來	
						전래동화	바리공주	

구성내용

G단계 교재별 구성내용은 이렇습니다

◆ 기탄교과서한자 G단계 호별 학습 내용 및 부교재

집	호		학습 한자	학습 한자어	심화 영역		부교재
1집	1	1a~16a	果實夫婦美	果:成果, 果實, 靑果, 無花果 實:行實, 實力, 實生活, 口實 夫:工夫, 夫子, 夫人, 漁夫 婦:主婦, 夫婦, 婦人, 婦女子 美:美化員, 美國人, 美人, 美化	인물	마크 트웨인	한자 카드 쓰기보따리 형성평가
					창작동화	소가 골라준 새 신랑 1	
					고사성어	改過遷善	
					기사문	돈 잘 버는 아내 집안일 더 한다	
	2	17a~32a	重要活動得	重:重要, 所重, 貴重, 重大 要:必要, 主要, 要求, 要所 活:活用, 生活, 活字, 活力 動:活動, 行動, 動力, 動作 得:所得, 利得, 得失	인물	어네스트 톰슨 시튼	
					창작동화	소가 골라준 새 신랑 2	
					고사성어	錦衣還鄕	
					기사문	컬러식품 좋아좋아	
	3	33a~48a	夜景成功者	夜:夜食, 白夜, 夜光, 夜行 景:風景, 光景, 山景, 雪景 成:成長, 作成, 合成, 完成 功:成功, 功臣, 年功, 功力 者:記者, 富者, 步行者, 老弱者	인물	에디슨	
					창작동화	소가 골라준 새 신랑 3	
					고사성어	管鮑之交	
					기사문	日 간사이 5색 체험관광	
	4	49a~64a	복습	복습	인물	퀴리부인	
					창작동화	소가 골라준 새 신랑 4	
					고사성어	刻舟求劍	
					기사문	재교육기관 노크 해보자	
2집	5	65a~80a	時間空氣集	時:日時, 時代, 同時, 時計 間:人間, 山間, 時間, 中間 空:空中, 空間, 空冊, 空想 氣:空氣, 香氣, 日氣, 大氣 集:文集, 集中, 詩集, 集合	인물	장영실	한자 카드 쓰기보따리 형성평가
					창작동화	거짓말 시합 1	
					고사성어	刮目相對	
					기사문	귀성길 차 안에서 게임 한판	
	6	81a~96a	現在協商事	現:表現, 現金, 現地, 出現 在:現在, 所在, 在京, 在來 協:協同, 協力, 協心, 協定 商:商人, 商品, 商去來, 協商 事:人事, 行事, 工事, 記事	인물	록펠러	
					창작동화	거짓말 시합 2	
					고사성어	吳越同舟	
					기사문	폴크스바겐 노·사 대협상	
	7	97a~112a	社會技能部	社:社長, 會社, 社交, 入社 會:大會, 社會, 面會, 立會 技:長技, 技法, 技術, 技能 能:技能, 能力, 可能, 才能 部:部分, 一部分, 外部, 一部	인물	콜럼버스	
					창작동화	말 잘 듣는 효자 1	
					고사성어	羊頭狗肉	
					기사문	국가중대사 국민합의가 필요	
	8	113a~128a	복습	복습	인물	엥리 뒤낭	
					창작동화	말 잘 듣는 효자 2	
					고사성어	完璧	
					기사문	시동 걸면 주행정보 짝~	
3집	9	129a~144a	問答登場省	問:問安, 問題, 反問 答:問答, 答信, 正答, 回答 登:登山, 登校, 登用 場:市場, 工場, 入場, 場面 省:反省, 自省, 省墓	인물	리스트	한자 카드 쓰기보따리 형성평가
					창작동화	냄새 맡은 값 1	
					고사성어	指鹿爲馬	
					기사문	침체의 잠에 취한 라인강의 기적	
	10	145a~160a	春夏秋冬溫	春:春川, 春香, 立春, 靑春 夏:立夏, 夏至, 夏至 秋:秋夕, 秋風, 春秋 冬:冬至, 立冬, 春夏秋冬 溫:氣溫, 溫室, 溫水	인물	김홍도	
					창작동화	냄새 맡은 값 2	
					고사성어	塞翁之馬	
					기사문	스키장 잘 넘어져야 안 다친다	
	11	161a~176a	貴愛病死敬	貴:貴重, 高貴, 富貴, 貴人 愛:友愛, 愛國, 愛人, 愛犬 病:問病, 白血病, 病室, 病名 死:生死, 死亡者, 不死身, 病死 敬:恭敬, 敬老, 敬老席, 敬語	인물	안중근	
					창작동화	아버지의 유서 1	
					고사성어	難兄難弟	
					기사문	은행나무 천국 부석사 가는길	
	12	177a~192a	복습	복습	인물	황희	
					창작동화	아버지의 유서 2	
					고사성어	四面楚歌	
					기사문	서울과 워싱턴 마음을 열 때다	
4집	13	193a~208a	物件發電書	物:古物, 文物, 人物 件:物件, 事件, 用件 發:發生, 出發, 發明, 發見 電:電力, 電子, 電車, 電氣 書:文書, 古書, 書名	인물	벤자민 프랭클린	한자 카드 쓰기보따리 형성평가
					창작동화	선행과 쾌락 1	
					고사성어	三顧草廬	
					기사문	대한민국은 배달천국	
	14	209a~224a	高低苦樂朝	高:高音, 高溫, 高貴, 高見 低:低溫, 低下, 低利, 低學年 苦:苦生, 苦心, 苦行 樂:音樂, 安樂, 樂山 朝:王朝, 朝夕, 朝會	인물	루소	
					창작동화	선행과 쾌락 2	
					고사성어	脣亡齒寒	
					기사문	중소기업 그곳에도 길이 있다	
	15	225a~240a	眞理學習賞	眞:眞情, 眞空, 眞心 理:心理, 原理, 眞理, 一理 學:學年, 學生, 入學, 見學 習:學習, 風習, 自習 賞:賞品, 孝行賞, 大賞, 賞金	인물	전봉준	
					창작동화	아가씨와 우유 1	
					고사성어	守株待兎	
					기사문	들리지! 눈 쌓은 숲 생명의 소리	
	16	241a~256a	복습	복습	인물	뢴트겐	
					창작동화	아가씨와 우유 2	
					고사성어	臥薪嘗膽	
					기사문	물건값 계산 … 약도 그리기 …	

학부모 여러분, 〈기탄한자〉는 이렇게 지도해 주세요

1. 학습자의 능력보다 낮은 단계에서 시작하세요.

기탄한자 A~G단계는 기초 한자부터 초등학교 교과서에 쓰인 한자어를 학습하는 프로그램입니다. 한글을 아는 유아에서부터 한자 학습의 경험이 있는 초등학교 6학년 학생을 대상으로 개발되었습니다. 그러나 한자 학습의 경험이 있는 아이라도, 학습자의 경험이나 능력보다 낮은 단계에서 시작하는 것이 바람직합니다. 특히 각 단계의 1집부터 순차적으로 학습해 나가는 것은 매우 중요합니다. 간혹 학부모님의 판단에 따라 단계의 생략은 가능하지만 2, 3집부터 시작하는 것은 옳지 않은 진도 진행입니다. 아이가 학습에 부담을 느끼지 않고 한자 공부는 쉽고 재미있다는 느낌을 가질 수 있도록 A단계 1집에서부터 시작하는 것이 가장 이상적인 출발점입니다.

2. 복습호는 반드시 부모님이 함께 해 주세요.

각 집(권)마다 앞서 배운 한자의 복습호가 구성되어 있습니다. 복습호에서는 항상 형성평가를 실시하여 학습 수용도를 점검합니다. 이 때 부모님이 반드시 채점을 해 주시고, 결과에 따라 적절한 칭찬과 동기유발이 필요합니다. 또 복습주마다 구성된 놀잇감(A~D단계)으로 아이와 함께 놀아 주세요.

3. 교재 구입 즉시 분책하여 사용하세요.

〈기탄한자〉는 구입 즉시 분책하여 사용할 수 있도록 매주 학습할 분량이 별도의 책으로 특수제본(4in1시스템)되어 있습니다. 보통 책은 1번 제본하는 것으로 끝나지만 〈기탄한자〉는 무려 5번의 제본 과정을 거쳐 제작되었습니다. 각 호가 끝날 때마다 새 책으로 공부하게 되므로 아이에게 성취감과 기대감을 갖게 하고 학습 효과도 극대화시켜 줍니다.

4. 매일 일정한 시간에 규칙적으로 학습하게 하세요.

하루 5~10분을 학습하더라도 규칙적으로 학습하는 것이 중요합니다. 1호 분량이 1주일(5일) 학습 분량이므로 한 번에 억지로 하지 않게 하고, 반대로 너무 많은 양을 한꺼번에 하는 것도 좋지 않습니다. 어렸을 때부터 조금씩 매일매일 공부하는 습관을 길러 주도록 합니다.

5. 부모님이 직접 지도해 주세요.

〈기탄한자〉는 교사 방문 학습지와는 달리 아이 스스로 공부하고 부모님이 체크하는 자율적인 학습 모델을 채택하고 있습니다. 따라서 타 학습지 회사에서는 지도교사에게만 제공하는 지도 지침을 해당 호에 상세히 실었습니다. 각 호의 첫 장에 실린 '이렇게 도와주세요', '이번 주 학습포인트'에서는 한 주 동안의 지도 요점이 기재되어 있고, 각 페이지의 하단에도 지도 요점, 주의 사항 등을 기재하였습니다. 학부모님들이 〈기탄한자〉의 기획의도, 학습목표, 지도방법 등을 쉽게 이해하고 아이들에게 가르치기 편하도록 최대한 배려하였습니다.

6. 이미 익힌 한자는 아이가 실생활 속에서 활용하게 하세요.

아이가 이미 익힌 한자는 실생활 속에서 최대한 많은 사용 기회를 갖게 해 줍니다. 알았던 한자도 오랫동안 사용하지 않으면 잊혀지게 됩니다. 학습된 한자를 신문, 책, 대중매체, 인쇄물 등을 활용하여 확인하게 하고 글을 쓸 때 알고 있는 한자로 표현해 볼 기회를 자주 갖도록 합니다.

단계별 학습 한자와 한자능력검정시험 급수 배정 안내

단계	학습 한자	급수 응시 가이드
A단계	• 8급 : 山, 日, 月, 火, 水, 木, 金, 土, 一, 二, 三, 四, 五, 六, 七, 八, 九, 十, 人, 大, 小, 中 • 7급 : 川, 百, 千, 口, 手, 足, 力, 上, 下 • 6급·6급Ⅱ : 目, 石 • 5급 : 耳 • 4급Ⅱ : 田, 玉	A단계에서는 상형자, 지사자 중심의 기초한자 36자를 익혔습니다. 이는 한자능력검정시험 배정한자 중 **8급, 7급 배정한자 31자**와 **상위급수 한자 5자**가 포함됩니다. 학습자의 학년, 나이, 학습수용도에 따라 8급, 7급 이내에서 응시용 수험서(기탄급수한자 빨리따기)로 준비한 후 자격증 취득에 도전해 보세요.
B단계	• 8급 : 父, 母, 生, 門, 王, 白, 女 • 7급 : 子, 心, 車, 自, 工, 主, 里, 草, 花, 男, 夕, 面 • 6급·6급Ⅱ : 身, 風 • 5급 : 牛, 士, 己, 魚, 雨, 馬 • 4급Ⅱ : 羊, 鳥, 竹, 齒 • 4급 : 犬, 册, 舌 • 3급Ⅱ : 刀 • 3급 : 貝	B단계에서는 상형자, 지사자 중심의 기초한자 36자를 익혔습니다. 이는 A단계 학습 한자부터 누적하면 한자능력검정시험 배정한자 중 **8급, 7급 배정한자 50자**와 **상위급수 한자 22자**가 포함됩니다. 학습자의 학년, 나이, 학습수용도에 따라 8급, 7급 이내에서 응시용 수험서(기탄급수한자 빨리따기)로 준비한 후 자격증 취득에 도전해 보세요.
C단계	• 8급 : 兄, 弟, 外 • 7급 : 文, 少, 出, 入, 內, 來, 立, 天, 地, 江, 食, 方, 左, 右 • 6급·6급Ⅱ : 言, 才, 交, 多, 光, 明, 行, 角, 古, 今, 衣, 向, 本, 分, 合 • 5급 : 化, 友, 去, 河, 臣, 兵, 卒, 末 • 4급Ⅱ : 血, 肉, 步, 毛, 蟲 • 4급 : 君 • 3급Ⅱ : 坐, 皮	C단계에서는 형성자, 회의자를 중심으로 48자의 기초한자를 익혔습니다. 이는 A단계 학습 한자부터 누적하면 한자능력검정시험 배정한자 중 **7급 배정한자 67자**, **6급·6급Ⅱ 배정한자 86자**와 **상위급수 한자 34자**를 익혔습니다. 학습자의 학년, 나이, 학습수용도에 따라 7급, 6급·6급Ⅱ 이내에서 응시용 수험서(기탄급수한자 빨리따기)로 준비한 후 자격증 취득에 도전해 보세요.
D단계	• 8급 : 靑, 長, 國, 東, 西, 南, 北 • 7급 : 色, 住, 所, 姓, 名, 有, 平, 老, 正, 直, 孝, 前, 後, 道, 全, 世, 家 • 6급·6급Ⅱ : 音, 利, 用, 公, 意, 弱, 短, 界, 聞, 童 • 5급 : 赤, 無, 思, 止, 法, 完, 善, 惡, 見, 兒 • 4급Ⅱ : 貧, 富, 忠, 走	D단계에서는 형성자, 회의자를 중심으로 48자의 기초한자를 익혔습니다. 이는 A단계 학습 한자부터 누적하면 한자능력검정시험 배정한자 중 **7급 배정한자 91자**, **6급·6급Ⅱ 배정한자 120자**와 **상위급수 한자 48자**를 익혔습니다. 학습자의 학년, 나이, 학습수용도에 따라 7급, 6급·6급Ⅱ 이내에서 응시용 수험서(기탄급수한자 빨리따기)로 준비한 후 자격증 취득에 도전해 보세요.
E단계	• 8급 : 寸, 民, 先, 年, 軍 • 7급 : 市, 同, 不, 字, 命, 祖 • 6급·6급Ⅱ : 京, 各, 由, 失, 反, 共, 幸, 表, 形, 和, 別, 章 • 5급 : 品, 具, 曲, 可, 原, 因, 告, 首, 元, 必, 知, 加, 相, 再 • 4급Ⅱ : 求, 回, 非, 未, 味, 香, 星, 單 • 4급 : 巨, 居, 異	E단계에서는 형성자, 회의자를 중심으로 48자의 필수한자를 익혔습니다. 이는 A단계 학습 한자부터 누적하면 한자능력검정시험 배정한자 중 **7급 배정한자 102자**, **6급·6급Ⅱ 배정한자 143자**와 **상위급수 한자 73자**를 익혔습니다. 학습자의 학년, 나이, 학습수용도에 따라 6급·6급Ⅱ, 5급 이내에서 응시용 수험서(기탄급수한자 빨리따기)로 준비한 후 자격증 취득에 도전해 보세요.
F단계	• 8급 : 室, 校 • 7급 : 休, 安, 海, 林, 村, 洞, 便, 記, 語 • 6급·6급Ⅱ : 信, 洋, 定, 注, 作, 使, 代, 感, 計, 始, 雪 • 5급 : 仙, 宅, 漁, 洗, 他, 位, 客, 材, 決, 流, 念, 情, 性, 雲 • 4급Ⅱ : 官, 容, 俗, 保, 守, 志, 想, 詩, 進, 造, 好 • 4급 : 仁	F단계에서는 형성자, 회의자를 중심으로 48자의 필수한자를 익혔습니다. 이는 A단계 학습 한자부터 누적하면 한자능력검정시험 배정한자 중 **7급 배정한자 113자**, **6급·6급Ⅱ 배정한자 165자**와 **상위급수 한자 99자**를 익혔습니다. 학습자의 학년, 나이, 학습수용도에 따라 6급·6급Ⅱ, 5급 이내에서 응시용 수험서(기탄급수한자 빨리따기)로 준비한 후 자격증 취득에 도전해 보세요.
G단계	• 8급 : 學 • 7급 : 夫, 重, 活, 動, 時, 間, 空, 氣, 事, 問, 答, 登, 場, 春, 夏, 秋, 冬, 物, 電 • 6급·6급Ⅱ : 果, 美, 夜, 成, 功, 者, 集, 現, 在, 社, 會, 部, 省, 溫, 愛, 病, 死, 發, 書, 高, 苦, 樂, 朝, 理, 習 • 5급 : 實, 要, 景, 商, 技, 能, 貴, 敬, 件, 賞 • 4급Ⅱ : 婦, 得, 協, 低, 眞	G단계에서는 형성자, 회의자를 중심으로 60자의 필수한자를 익혔습니다. 이는 A단계 학습 한자부터 누적하면 한자능력검정시험 배정한자 중 **7급 배정한자 133자**, **6급·6급Ⅱ 배정한자 210자**와 **상위급수 한자 114자**를 익혔습니다. 학습자의 학년, 나이, 학습수용도에 따라 6급·6급Ⅱ, 5급 이내에서 응시용 수험서(기탄급수한자 빨리따기)로 준비한 후 자격증 취득에 도전해 보세요.

※ 이 표는 기탄한자 학습 후 한자능력검정시험 자격증 취득의 연계를 위한 지침입니다. 학습자의 학습경험이나 상태에 따라 개별적인 지침이 달라질 수 있습니다.

C4집
145a-156a

13호

기탄한자 C단계 4집 145a~156a

4 in 1 시스템

기탄한자는 학습효과를 극대화하기 위해 매주 학습할 분량이 별도의 책으로 특수제본되어 있습니다.

본 교재는 1권의 책 속에 1주일 학습할 분량의 교재 4권이 들어 있는 4 in 1 시스템으로 제본되어 있습니다. 따라서 4권의 책으로 분리되는 것이 정상적인 제본이며, 호별로 빼내어 학습하시면 아주 효과적입니다.

C단계에서 배울 한자입니다.

	C단계						
1집	文, 化, 言, 才	2집	出, 入, 內, 外	3집	天, 地, 江, 河	4집	君, 臣, 兵, 卒
	兄, 弟, 交, 友		去, 來, 立, 坐		毛, 皮, 角, 蟲		方, 向, 左, 右
	多, 少, 血, 肉		光, 明, 行, 步		古, 今, 衣, 食		本, 末, 分, 合
	복습		복습		복습		복습

※ 매주마다 학습한 한자를 누적하여 읽어 보세요.

학습 진단 관리표

	훈음 읽기	훈음 쓰기	한자 쓰기	한자어 읽기	이번 주는?			
금주평가	Ⓐ 아주 잘함	Ⓐ 아주 잘함	Ⓐ 아주 잘함	Ⓐ 아주 잘함	● 학습방법	❶ 매일매일	❷ 가끔	❸ 한꺼번에 하였습니다.
	Ⓑ 잘함	Ⓑ 잘함	Ⓑ 잘함	Ⓑ 잘함	● 학습태도	❶ 스스로 잘	❷ 시켜서 억지로 하였습니다.	
	Ⓒ 보통	Ⓒ 보통	Ⓒ 보통	Ⓒ 보통	● 학습흥미	❶ 재미있게	❷ 싫증내며 하였습니다.	
	Ⓓ 노력해야 함	Ⓓ 노력해야 함	Ⓓ 노력해야 함	Ⓓ 노력해야 함	● 교재내용	❶ 적합하다고	❷ 어렵다고	❸ 쉽다고 하였습니다.

지도 교사가 부모님께   부모님이 지도 교사께

종합평가	Ⓐ 아주 잘함	Ⓑ 잘함	Ⓒ 보통	Ⓓ 노력해야 함

이번 주에는 君 (임금 군), 臣 (신하 신), 兵 (병사 병), 卒 (병졸 졸)을 배워요.

이렇게 **도와** 주세요

1 일차 145a~146b
- 지난 호에서 학습한 古, 今, 衣, 食을 복습합니다.
- 동화를 읽고 君, 臣, 兵, 卒의 뜻을 이야기해 봅니다.
- 한자 카드나 받아쓰기로 앞서 배운 한자를 복습합니다.

2 일차 147a~148b
- 君과 臣을 학습합니다.
- 君, 臣은 서로 상대되는 뜻을 지닌 한자입니다.
- 臣의 필순에 유의해서 지도합니다.

3 일차 149a~150b
- 兵과 卒을 학습합니다.
- 둘 다 병사의 뜻을 지닌 한자임을 설명합니다.
- 卒은 '병졸' 외에 '마치다, 죽다' 등의 뜻도 있습니다.

4 일차 151a~153b
- 君, 臣, 兵, 卒의 뜻, 소리, 모양을 다양한 방법을 통해 익힙니다.
- 153b에서 앞서 배운 한자를 이해하고 있는지 확인합니다.
  예: 古(옛 고), 花(꽃 화), 木(나무 목), 門(문 문), 天(하늘 천)

5 일차 154a~156a
- 풀어보기를 통해 君, 臣, 兵, 卒을 마무리합니다.
- 한자 보따리의 서당에 관련된 상식을 아이와 같이 읽어 봅니다.

다시 보기

✏️ 선을 따라 접은 후 이루어지는 한자의 뜻과 소리를 쓰세요.

뜻:　　소리:

뜻: 옛　소리: 고

뜻:　　소리:

뜻:　　소리:

밖으로 접는 선　　안으로 접는 선

빈 곳에 스티커를 붙이고 빈 칸에 알맞게 쓰세요.

古	古	
옛 고	옛 고	

이제 금		

옷 의		

먹을 식		

今 古 衣 食

• 지난 주에 익힌 古, 今, 衣, 食의 뜻, 소리, 모양을 복습합니다.

■ 동화를 읽고 같은 모양의 한자를 찾아 스티커를 붙이세요.

돼지고기를 싫어한 임금님

옛날에 돼지고기를 너무 싫어하는 **임금님(君)**이 있었어요.
어느 날, 임금님이 대궐을 지나다가 두 **병사(兵)**가 서로 싸우는 모습을 보았어요.
"아니, 고약한 것들! 적들과 싸울 힘도 부족한데 같은 **병졸(卒)**끼리 싸우다니."
임금님은 몹시 화가 나서 **신하(臣)**에게 말했어요.
"여봐라! 이 놈들에게 돼지고기를 한 광주리 먹이도록 하라."
싸움을 하던 병사들은 어리둥절했어요.

● 君臣은 상대반의어 관계에 있는 한자입니다. 스티커를 붙이고 한자의 뜻과 소리를 읽어 봅니다.

얼마 후 신하가 푹 삶은 돼지고기를 가져왔어요.
병사들은 평소에 못 먹어 본 고기를 맛있게 다 먹어 치웠어요.
이 모습을 지켜본 임금님이 말했어요.
"이제 잘못을 알겠느냐? 다음에도 또 싸우면 그땐 돼지고기를 두 광주리나 먹게 할 테다."
두 병사는 어리둥절해서 서로 바라만 보았어요.

• 兵卒은 유의어 관계에 있는 한자입니다.

 君 알아보기

🔊 빈 곳에 알맞은 스티커를 붙이고 한자의 뜻과 소리를 읽어 보세요.

뜻: 임금   소리: 군

📜 君이 만들어진 유래를 알아보고 한자 스티커를 붙이세요.

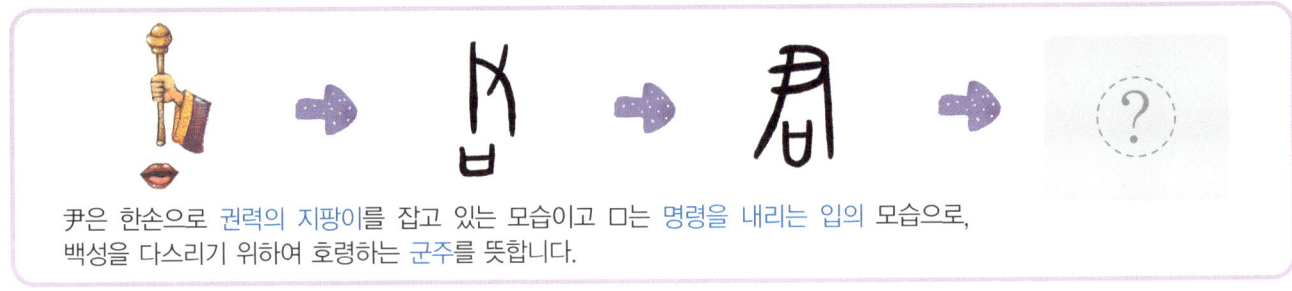

尹은 한손으로 권력의 지팡이를 잡고 있는 모습이고 口는 명령을 내리는 입의 모습으로, 백성을 다스리기 위하여 호령하는 군주를 뜻합니다.

✏️ 순서대로 써 보세요.

● 君의 윗부분 尹은 '다스릴 윤' 입니다. 君과 뜻이 비슷한 한자로 王(임금 왕)이 있습니다.

✏️ 君의 뜻, 소리, 모양을 쓰세요.

- 君은 ___임금___ 을 뜻합니다.
- 君은 ___군___ 이라고 읽습니다.
- 임금 군은 ___君___ 이라고 씁니다.

✏️ 빈 칸에 君을 쓰고, 君이 쓰인 한자어를 익혀 보세요.

| 君 | 주 : 임금

| 君 | 신 : 임금과 신하

✏️ 필순에 맞게 君을 써 보세요.

口부수 - 총 7획

ㄱ ㄱ ㅋ 尹 尹 君 君

君
임금 군

● 君은 위에서부터 아래로 차례대로 쓰도록 설명합니다.

 臣 알아보기

🔊 빈 곳에 알맞은 스티커를 붙이고 한자의 뜻과 소리를 읽어 보세요.

뜻: 신하   소리: 신

📄 臣이 만들어진 유래를 알아보고 한자 스티커를 붙이세요.

본래는 전쟁 포로나, 노예란 뜻으로, 그들이 머리를 숙일 때는 눈이 마치 세로로 선 듯한 모양인데 이 모양을 본떠 신하를 뜻하게 된 한자입니다.

✏️ 순서대로 써 보세요.

• 臣의 필순에 유의하여 익히도록 합니다. 臣과 비슷한 모양의 한자로 巨(클 거)가 있습니다.

📝 臣의 뜻, 소리, 모양을 쓰세요.

- 臣은 _____ 를 뜻합니다.
- 臣은 _____ 이라고 읽습니다.
- 신하 신은 _____ 이라고 씁니다.

📝 빈 칸에 臣을 쓰고, 臣이 쓰인 한자어를 익혀 보세요.

☐ 하 : 임금을 섬기어 벼슬하는 사람

충 ☐ : 충성스러운 신하

📝 필순에 맞게 臣을 써 보세요.

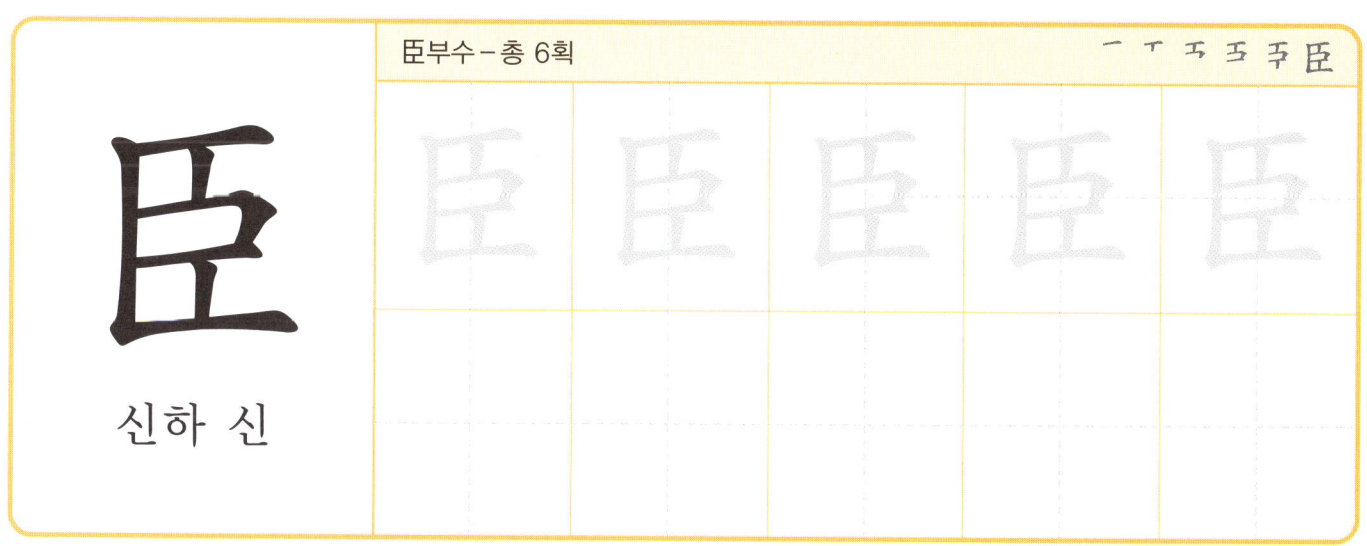

臣부수 - 총 6획

臣
신하 신

• 君과 臣은 서로 상대되는 뜻을 가진 한자이므로 서로 연관하여 이해합니다.

🔊 빈 곳에 알맞은 스티커를 붙이고 한자의 뜻과 소리를 읽어 보세요.

뜻: **병사** 소리: **병**

📖 兵이 만들어진 유래를 알아보고 한자 스티커를 붙이세요.

본래의 뜻은 **무기**입니다. 후에 그 의미가 확장되어 **병사**란 뜻을 나타내게 된 한자입니다.

✏️ 순서대로 써 보세요.

• 兵의 윗부분은 도끼와 같은 무기이고, 아랫부분은 무기를 들고 있는 손을 나타냅니다.

📝 兵의 뜻, 소리, 모양을 쓰세요.

- 兵은 _____ 를 뜻합니다.
- 兵은 _____ 이라고 읽습니다.
- 병사 병은 _____ 이라고 씁니다.

📝 빈 칸에 兵을 쓰고, 兵이 쓰인 한자어를 익혀 보세요.

☐ 사 : 군대에서 장교의 지휘를 받는 군인

☐ 력 : 병사, 병기 등의 군대의 힘

📝 필순에 맞게 兵을 써 보세요.

八부수 - 총 7획

- 兵에는 '병사' 라는 뜻 이외에도 '군대, 무기' 등의 뜻이 있습니다.

卒 알아보기

🔊 빈 곳에 알맞은 스티커를 붙이고 한자의 뜻과 소리를 읽어 보세요.

뜻: 병졸/마칠 소리: 졸

📝 卒이 만들어진 유래를 알아보고 한자 스티커를 붙이세요.

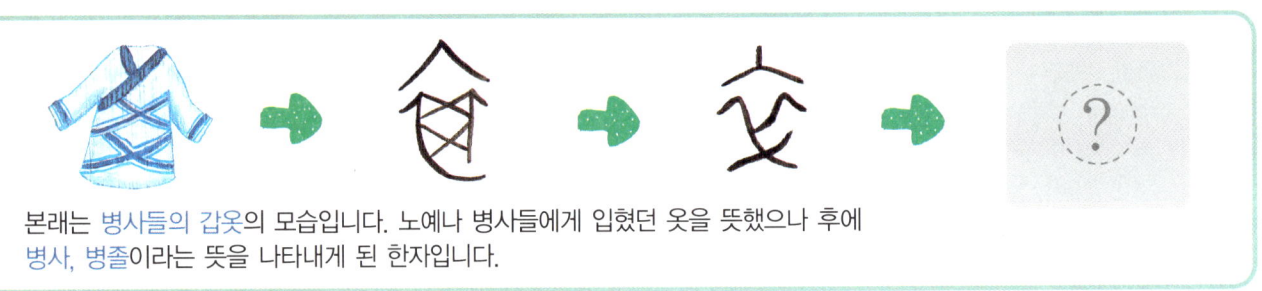

본래는 병사들의 갑옷의 모습입니다. 노예나 병사들에게 입혔던 옷을 뜻했으나 후에 병사, 병졸이라는 뜻을 나타내게 된 한자입니다.

✏️ 순서대로 써 보세요.

● 卒에는 '병사'란 뜻 이외에도 '마치다, 죽다' 등의 뜻도 있습니다. 예: 卒業(졸업)

🖊 卒의 뜻, 소리, 모양을 쓰세요.

- 卒은 _____ 을(를) 뜻합니다.
- 卒은 _____ 이라고 읽습니다.
- 병졸/마칠 졸은 _____ 이라고 씁니다.

🖊 빈 칸에 卒을 쓰고, 卒이 쓰인 한자어를 익혀 보세요.

☐ 병 : 지위가 낮은 병사

☐ 업 : 학교에서 정해진 교과 과정을 모두 마침

🖊 필순에 맞게 卒을 써 보세요.

十부수 – 총 8획

卒
병졸/마칠 졸

- 兵과 卒은 뜻이 비슷한 한자입니다.

다지기

🖊 빈 칸에 알맞은 뜻과 소리를 쓰세요.

君 — 임금 군

兵 —

臣 —

卒 —

임금 군   신하 신   병사 병   병졸/마칠 졸

한자를 필순에 맞게 쓰세요.

임금 군

신하 신

병사 병

병졸/마칠 졸

• 臣의 필순에 유의하며 쓰기 연습합니다.

자원을 보고 빈 칸에 알맞게 쓰세요.

君 뜻: 소리:

뜻: 신하 소리: 신

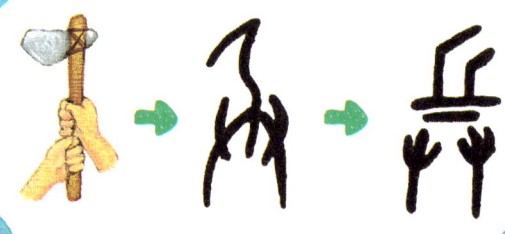

뜻: 병사 소리: 병

卒 뜻: 소리:

그림을 보고 알맞은 한자를 찾아 ◯하세요.

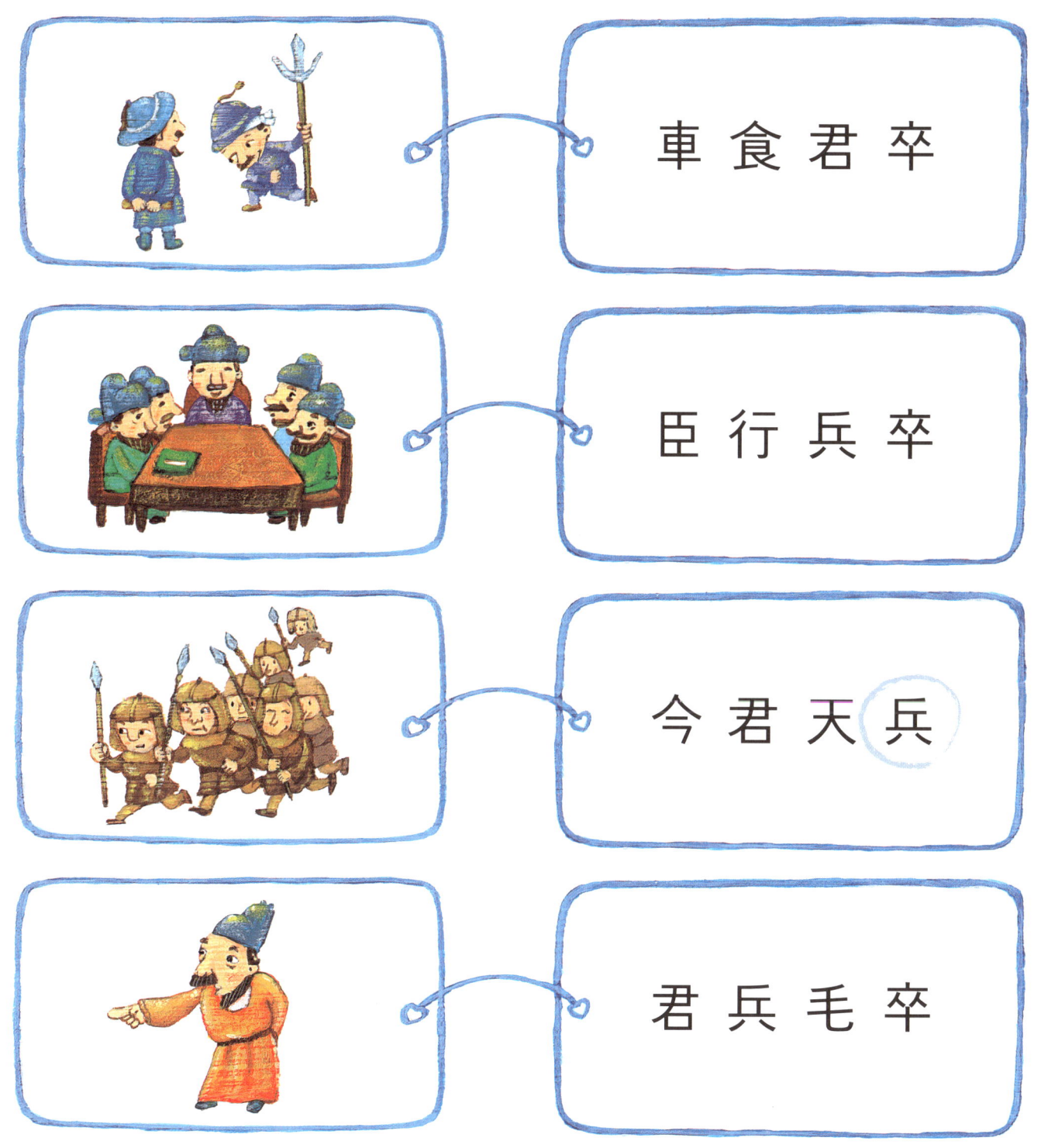

빈 칸에 알맞은 한자를 쓰세요.

兵 君 臣 卒

동화를 읽고 〈보기〉에서 알맞은 한자를 찾아 쓰세요.

하늘이 지켜준 임금님

옛날 옛날 □ 어느 나라 에 백성들을 진심으로 아끼고 사랑하는 임금님 이 살았어요.

임금님은 백성들을 극진히 사랑하여 굶주리는 자에게 궁궐의 창고를 열어 쌀 을 주었고

병든 자는 궁궐의 의사를 시켜 낫게 해주었어요.

또, 임금님은 꽃 □ 과 나무 □ 가꾸기를 좋아하여 철이 바뀔 때마다

궁궐 담벼락을 따라서 몸소 꽃과 나무를 심곤 했어요.

못된 신하 □ 들은 내심 이런 임금님을 싫어했지만 겉으로는 충성하는 척 했어요.

또, 병사들을 훈련시켜 임금님을 몰아내고 그들 중 우두머리가 임금 □ 이 되려 했어요.

그러던 어느 날, 신하의 군사들이 궁궐로 쳐들어와

궁궐 문 □ 을 부수고 사다리를 놓아 담벼락을 넘어가려 할 때 였어요.

이게 어찌된 일일까요? 임금님이 심어 놓은 꽃가지의 가시들이 도깨비 방망이처럼 커지고

나무들은 키가 사다리보다도 더 커지는 것이었어요.

신하의 병졸 □ □ 들은 도저히 궁궐로 쳐들어 갈 수 없었지요.

이를 지켜본 백성들은 '이것은 분명 어지신 임금님을 하늘 □ 이 도와주는 것이다!' 하고

임금님 만세!를 외쳤답니다.

〈보기〉 門 兵 卒 天 古 君 花 木 臣

• 신하 → 臣下, 내심 → 內心을 한자로 바꾸어 써 봅니다.

풀어보기

● 한자의 뜻과 소리를 쓰세요.

君　뜻: _____　소리: _____

臣　뜻: _____　소리: _____

卒　뜻: _____　소리: _____

兵　뜻: _____　소리: _____

● 바르게 연결하세요.

 → 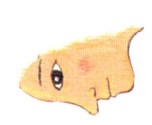 → 　·　　·　兵

 →  → 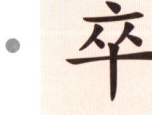　·　　·　卒

 →  → 　·　　·　君

 →  → 　·　　·　臣

● 빈 칸에 알맞은 한자를 쓰세요.

* 임금은 [臣]신 [下]하 들에게 상금을 주었습니다.

* 오늘은 형이 고등학교를 [卒]졸 [業]업 하는 날입니다.

* 많은 [兵]병 [士]사 들이 나라를 위해 목숨을 바쳤습니다.

* 그는 왕권이 막강한 [君]군 [主]주 였다.

● 뜻·소리에 알맞은 한자를 쓰세요.

임금 군				
신하 신				
병사 병				
병졸/마칠 졸				

 漢字 보따리

서당(書堂) 이야기 1

엄한 훈장님과 말썽꾸러기 학동들이 그려진 만화를 자주 볼 수 있습니다.
학동들과 훈장님의 이야기가 펼쳐지고
"하늘 천, 따 지, 가마솥 누룽지~"가
큰 소리로 암송되고, 서당 개가 풍월을 읊는 곳,
그러한 전경이 펼쳐지는 곳이 바로 서당입니다.

서당은 예로부터 내려오는 사설(개인이 사사로이 설립하는 것) 교육 기관으로,
우리나라에 신식 교육 기관이 세워지기 전까지 가장 보편적인 교육 기관이었습니다.
고려시대에서 조선시대에 가장 성행하여 보통 사람들의 교육을 담당하여 민중 교육에
아주 큰 역할을 해왔습니다.
서당에 입학하는 연령은 보통 7~8세였고, 서당에서 훈장님에게 글을 배우는 것이
대부분의 관행이었습니다.
보통 서당에 입학하는 날은 음력 12월 22일 즉, 동짓날에 입학을 하였다고 전해집니다.　－계속－

150b

151a

151b

152a

152b

153a

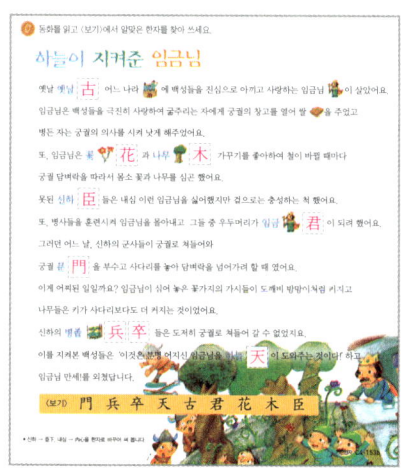
153b

154a

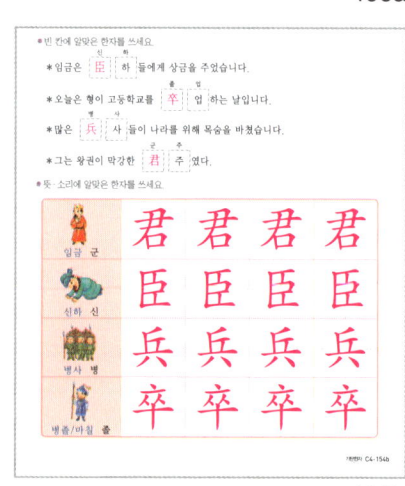
154b

君　　臣

兵　　卒

臣	君
신하 신	임금 군

卒	兵
병졸/마칠 졸	병사 병

君
임금 군

臣
신하 신

兵
병사 병

卒
병졸/마칠 졸

 재미로 읽기

병사 병 兵

펴낸이 : 정지향
펴낸곳 : (주)기탄교육
기획·편집·디자인 : 기탄교육연구소
주소 : 06698 서울특별시 서초구 효령로 40 기탄출판센터
등록 : 제2000-000098호
전화 : (02) 586-1007
팩스 : (02) 586-2337

※서점에 갈 시간이 없거나 구하기 어려운 분은 인터넷 또는 전화로 신청하세요. 즉시 우송해 드립니다.
● www.gitan.co.kr

ⓒ (주)기탄교육 All rights reserved.
저작권자의 동의 없이 본 교재를 무단으로 복제하거나 전재하는 것을 금합니다.

받아쓰기

• 엄마가 뜻·소리를 부르고 아이가 한자를 써 보도록 합니다.

13호에서 배운 한자를 다시 한번 써 보세요.

| 君 | 君 | 君 | 君 | 君 | 君 |
임금 군

| 臣 | 臣 | 臣 | 臣 | 臣 | 臣 |
신하 신

| 兵 | 兵 | 兵 | 兵 | 兵 | 兵 |
병사 병

| 卒 | 卒 | 卒 | 卒 | 卒 | 卒 |
병졸/마칠 졸

C4집

157a-168a

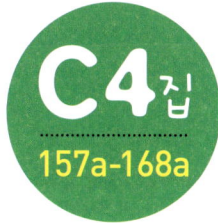

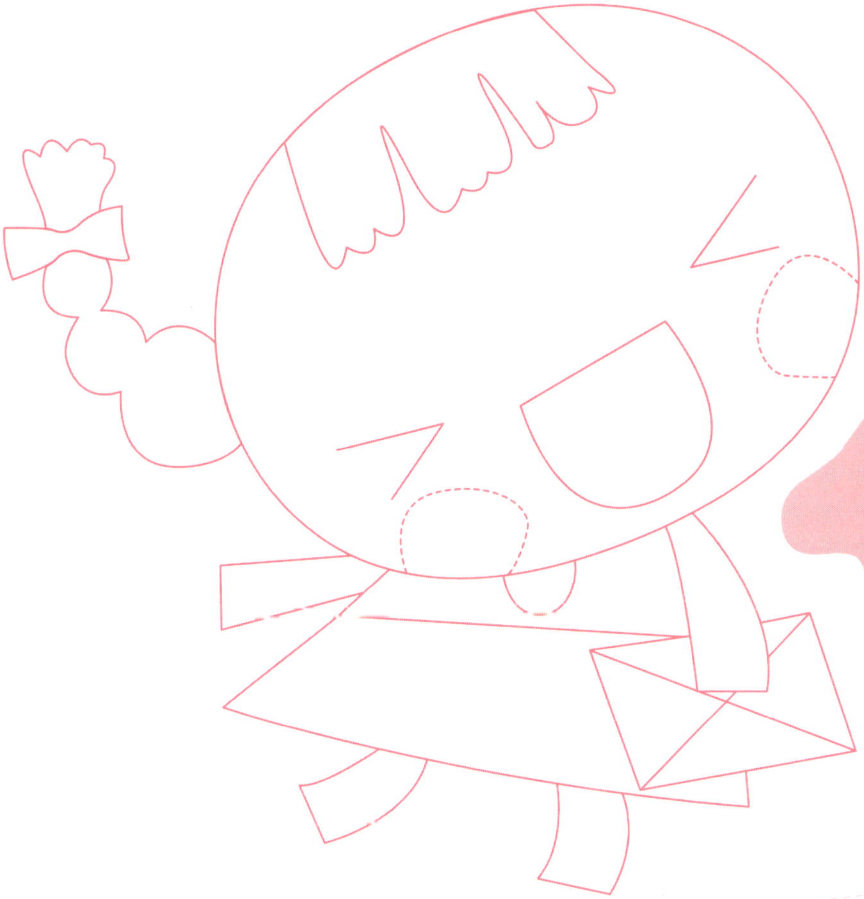

14호

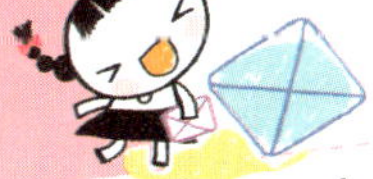

기탄한자 C단계 4집 157a~168a

그림으로 익히고 놀이로 기억하는 입체 한자 학습 프로그램

기탄®한자

C4집 14호
157a-168a

공부한 날　월　일~　월　일
　　　　　　(원)교　　　　반
이름　　　　　전화

www.gitan.co.kr

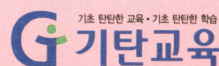

C단계에서 배울 한자입니다.

	C단계						
1집	文, 化, 言, 才	2집	出, 入, 內, 外	3집	天, 地, 江, 河	4집	君, 臣, 兵, 卒
	兄, 弟, 交, 友		去, 來, 立, 坐		毛, 皮, 角, 蟲		方, 向, 左, 右
	多, 少, 血, 肉		光, 明, 行, 步		古, 今, 衣, 食		本, 末, 分, 合
	복습		복습		복습		복습

※ 매주마다 학습한 한자를 누적하여 읽어 보세요.

학습진단 관리표

	훈음 읽기	훈음 쓰기	한자 쓰기	한자어 읽기	이번 주는?
금주평가	Ⓐ 아주 잘함	Ⓐ 아주 잘함	Ⓐ 아주 잘함	Ⓐ 아주 잘함	• 학습방법 ❶ 매일매일 ❷ 가끔 ❸ 한꺼번에 하였습니다.
	Ⓑ 잘함	Ⓑ 잘함	Ⓑ 잘함	Ⓑ 잘함	• 학습태도 ❶ 스스로 잘 ❷ 시켜서 억지로 하였습니다.
	Ⓒ 보통	Ⓒ 보통	Ⓒ 보통	Ⓒ 보통	• 학습흥미 ❶ 재미있게 ❷ 싫증내며 하였습니다.
	Ⓓ 노력해야 함	Ⓓ 노력해야 함	Ⓓ 노력해야 함	Ⓓ 노력해야 함	• 교재내용 ❶ 적합하다고 ❷ 어렵다고 ❸ 쉽다고 하였습니다.

지도 교사가 부모님께   부모님이 지도 교사께

종합평가	Ⓐ 아주 잘함	Ⓑ 잘함	Ⓒ 보통	Ⓓ 노력해야 함

이번 주에는 方 (모/방위 방), 向 (향할 향), 左 (왼쪽 좌), 右 (오른쪽 우)를 배워요.

 157a~158b
- 지난 호에서 익힌 君, 臣, 民, 卒을 복습합니다.
- 동화를 읽고 方, 向, 左, 右의 뜻, 소리를 알아봅니다.
- 한자 카드나 받아쓰기로 앞서 배운 한자를 복습합니다.

 159a~160b
- 方, 向의 뜻, 소리, 자원, 필순, 한자어를 익힙니다.
- 方은 '모'의 뜻보다는 '방향'의 뜻으로 이해시킵니다.
- '모'는 모서리를 뜻합니다.

 161a~162b
- 왼손과 오른손의 예를 들어 한자를 이해하도록 합니다.
- 左와 右는 모양은 비슷해 보이나 필순과 음훈이 전혀 다르므로 혼동하지 않도록 지도합니다.

 163a~165b
- 右는 石(돌 석)과 모양이 비슷하므로 구별에 유의합니다.
- 165b에서는 제시된 문항 이외에 한자로 바꿀수 있는 부분을 변환해 보도록 합니다. 예: 옛날→古, 말→言, 지금→今

 166a~168a
- 풀어보기를 통해 方, 向, 左, 右의 학습을 마무리합니다.
- 한자 보따리의 서당 이야기를 아이와 같이 읽고 이해를 도와 줍니다.

다시 보기

✏️ 선을 따라 접은 후 이루어지는 한자의 뜻과 소리를 쓰세요.

	뜻: 소리:
(임금)	
(농부)	
(군인)	
(선비)	

뜻: 소리:

뜻: 소리:

뜻: 소리:

뜻: 소리:

밖으로 접는 선   안으로 접는 선

빈 곳에 스티커를 붙이고 빈 칸에 알맞게 쓰세요.

| 임금 군 | | |

| 신하 신 | | |

| 병사 병 | | |

| 병졸/마칠 졸 | | |

臣 君 卒 兵

• 지난 주에 익힌 君, 臣, 兵, 卒의 뜻, 소리, 모양을 복습합니다.

 동화를 읽고 같은 모양의 한자를 찾아 스티커를 붙이세요.

엄마 게와 아기 게

햇볕 따뜻한 봄날이었어요.

엄마 게와 아기 게가 바닷가 양지바른 곳에 소풍을 나왔어요.

엄마 게가 바위를 **향해**(向) 가고 있는 아기 게에게 말했어요.

"아가야, 배를 깔고 걷지 마라.

모래 위에서 그렇게 걸으면 배 껍질이 까진다."

아기 게는 여전히 배를 깔고 바위가 있는

방향(方)으로 가고 있었어요.

"아가야, 옆으로 걷지 말고 똑바로 걸어라."

• 동화를 읽고 方向의 뜻, 소리와 한자의 모양을 접해 봅니다.

아기 게는 **오른쪽**(右)으로 옆으로 걸었어요.

"아휴, 답답해라, 자, 엄마를 잘 봐!"

아기 게는 또 **왼쪽**(左)으로 옆으로 걸었어요.

"그게 아니고 똑바로 걸어야 해!"

엄마 게도 여전히 옆으로 걸으면서 말했어요.

이 모습을 보던 아기 게가 어리둥절해하며 말했어요.

"엄마, 저는 엄마와 똑같이 걷고 있어요."

● 동화를 읽고 左右의 뜻, 소리와 한자의 모양을 접해 봅니다.

方 알아보기

🔊 빈 곳에 알맞은 스티커를 붙이고 한자의 뜻과 소리를 읽어 보세요.

뜻: 모/방위   소리: 방

📝 方이 만들어진 유래를 알아보고 한자 스티커를 붙이세요.

배 두 척을 나란히 묶어 놓은 모양을 본떠 만들어 모, 방위 등을 뜻하는 한자입니다.

✏️ 순서대로 써 보세요.

• '모'는 '모서리, 각, 물건의 거죽으로 튀어나온 뾰족한 끝' 등을 뜻합니다.

- 方의 뜻, 소리, 모양을 쓰세요.

  • 方은 _____ 를 뜻합니다.

  • 方은 _____ 이라고 읽습니다.

  • 모/방위 방은 _____ 이라고 씁니다.

- 빈 칸에 方을 쓰고, 方이 쓰인 한자어를 익혀 보세요.

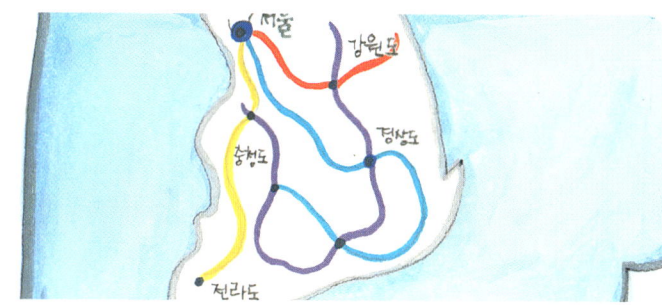

지 [ ] : 수도나 대도시 이외의 고장

[ ] 향 : 향하거나 나아가는 쪽

- 필순에 맞게 方을 써 보세요.

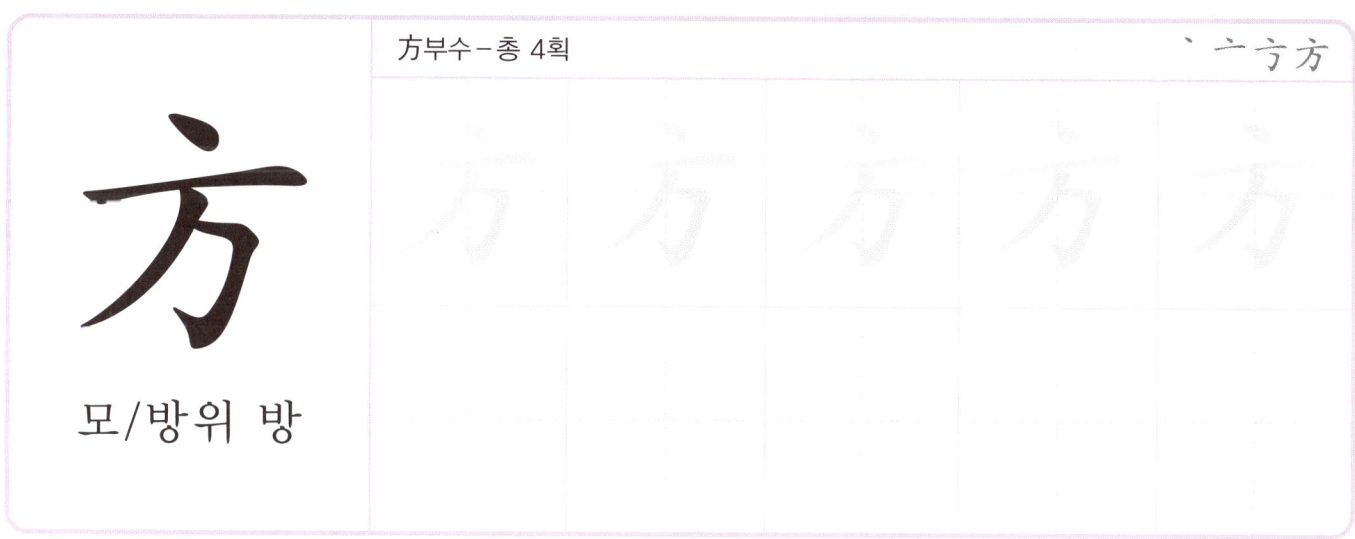

• 方의 본뜻은 '모, 모서리'였으나 지금은 '방위, 방향'의 뜻으로 많이 쓰입니다.

🔊 빈 곳에 알맞은 스티커를 붙이고 한자의 뜻과 소리를 읽어 보세요.

뜻: **향할**   소리: **향**

📖 向이 만들어진 유래를 알아보고 한자 스티커를 붙이세요.

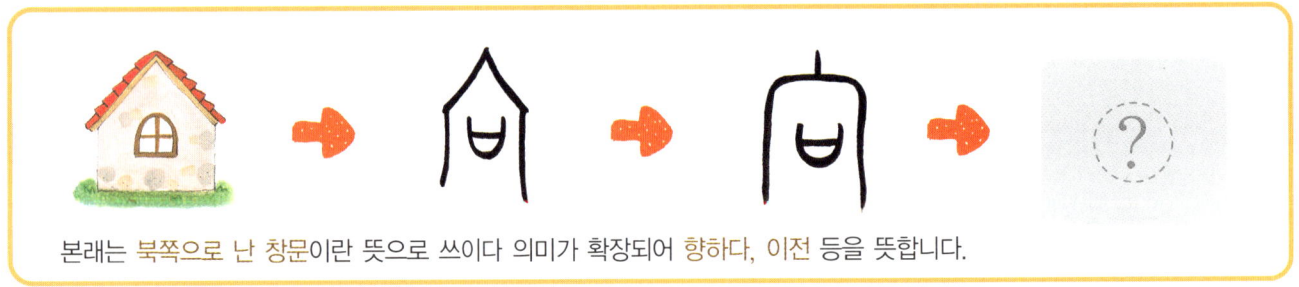

본래는 **북쪽으로 난 창문**이란 뜻으로 쓰이다 의미가 확장되어 **향하다, 이전** 등을 뜻합니다.

✏️ 순서대로 써 보세요.

• 向을 쓸 때에는 바깥을 먼저 쓰고(冂) 안에 있는 것을 나중에 씁니다(向).

✏️ 向의 뜻, 소리, 모양을 쓰세요.

- 向은 _____ 을(를) 뜻합니다.
- 向은 _____ 이라고 읽습니다.
- 향할 향은 _____ 이라고 씁니다.

✏️ 빈 칸에 向을 쓰고, 向이 쓰인 한자어를 익혀 보세요.

풍 ☐ : 바람이 불어오는 방향

남 ☐ : 남쪽을 향함

✏️ 필순에 맞게 向을 써 보세요.

口부수 - 총 6획

ノ ノ 冂 向 向 向

向
향할 향

• 向이 쓰인 한자어를 이야기해 봅니다. 예 : 向上(향상), 方向(방향)…

左 알아보기

🔊 빈 곳에 알맞은 스티커를 붙이고 한자의 뜻과 소리를 읽어 보세요.

뜻: 왼쪽   소리: 좌

📋 左가 만들어진 유래를 알아보고 한자 스티커를 붙이세요.

왼쪽 손의 모습을 본뜬 ナ과 工(장인 공)을 합하여 만들어진 한자로 왼쪽을 뜻합니다.

✏️ 순서대로 써 보세요.

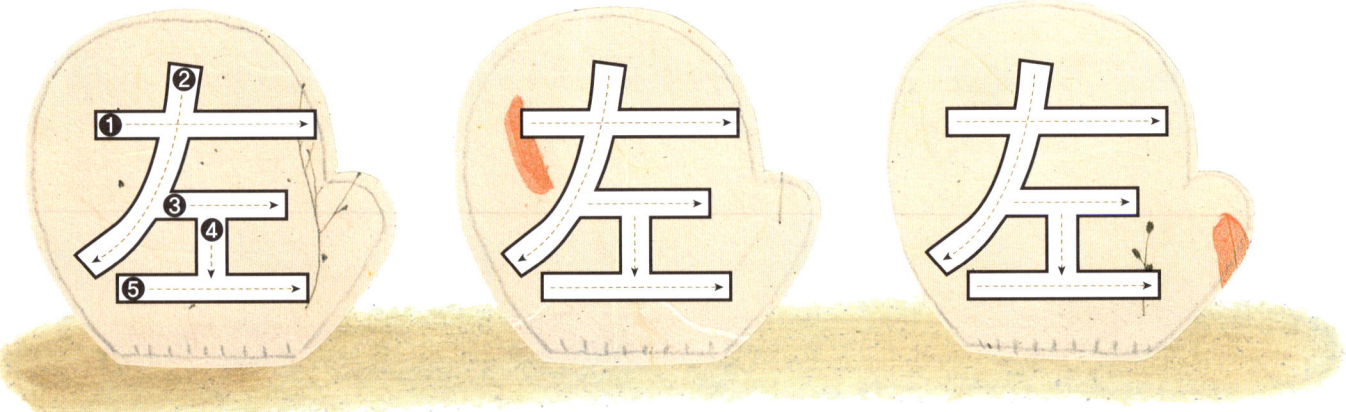

• 左는 右와 모양이 비슷하여 혼동하기 쉬운 한자입니다.

📝 左의 뜻, 소리, 모양을 쓰세요.

- 左는 _____ 을 뜻합니다.

- 左는 _____ 라고 읽습니다.

- 왼쪽 좌는 _____ 라고 씁니다.

📝 빈 칸에 左를 쓰고, 左가 쓰인 한자어를 익혀 보세요.

☐ 우 : 왼쪽과 오른쪽

☐ 향 ☐ · 바로 서있는 상태에서 몸을 왼쪽으로
· 90도 돌아서는 동작

📝 필순에 맞게 左를 써 보세요.

工부수 – 총 5획

一 ナ 厂 左 左

左
왼쪽 좌

• 左는 특히 필순에 유의하여 쓰도록 합니다. 左右는 '주위에서 돌보는 사람, 마음대로 좌지우지함' 등의 여러 가지 뜻이 있습니다.

右 알아보기

🔊 빈 곳에 알맞은 스티커를 붙이고 한자의 뜻과 소리를 읽어 보세요.

뜻: 오른쪽 소리: 우

📄 右가 만들어진 유래를 알아보고 한자 스티커를 붙이세요.

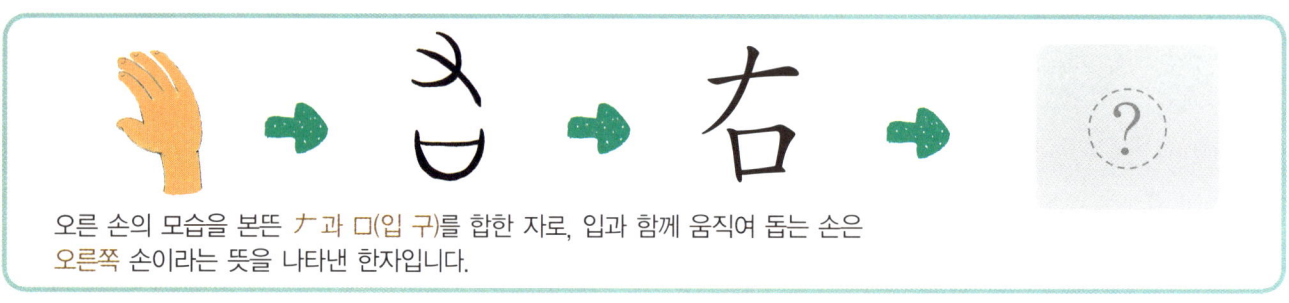

오른 손의 모습을 본뜬 ナ과 口(입 구)를 합한 자로, 입과 함께 움직여 돕는 손은 오른쪽 손이라는 뜻을 나타낸 한자입니다.

✏️ 순서대로 써 보세요.

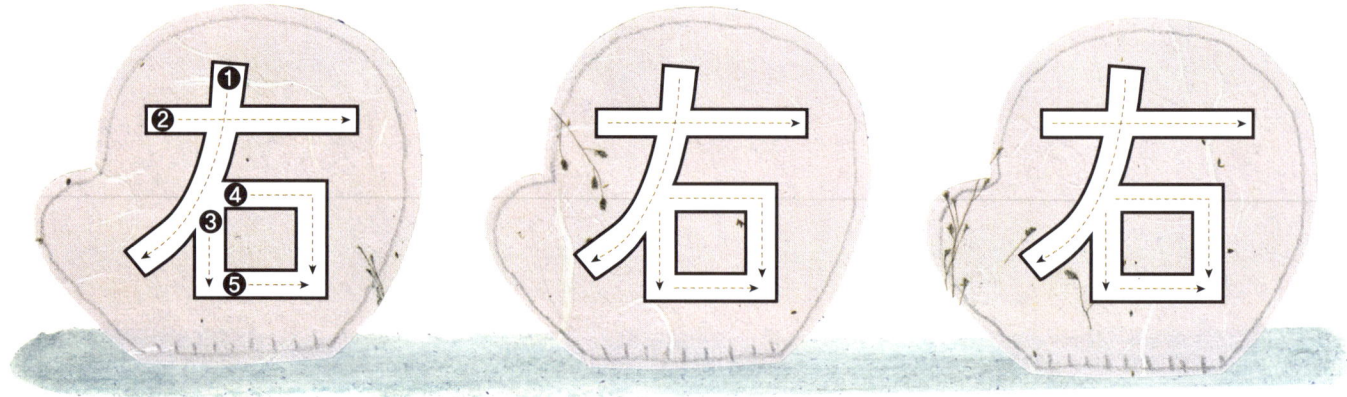

• 右는 左와 달리 ノ부터 쓰는 점에 유의합니다.

🖉 右의 뜻, 소리, 모양을 쓰세요.

- 右는 _____ 을 뜻합니다.
- 右는 _____ 라고 읽습니다.
- 오른쪽 우는 _____ 라고 씁니다.

🖉 빈 칸에 右를 쓰고, 右가 쓰인 한자어를 익혀 보세요.

☐ 회전 : 오른쪽으로 돎

좌 ☐ 명 : 늘 가까이에 적어 두고 일상의 경계로 삼는 말이나 글

🖉 필순에 맞게 右를 써 보세요.

口부수 – 총 5획   ノ ナ オ 右 右

右
오른쪽 우

- 右는 左와 서로 반대되는 한자입니다.

다지기

✏️ 빈 칸에 알맞은 뜻과 소리를 쓰세요.

方	
向	
左	
右	

왼쪽 좌   오른쪽 우   모/방위 방   향할 향

한자를 필순에 맞게 쓰세요.

• 左와 右의 필순에 유의하여 쓰도록 합니다.

자원을 보고 빈 칸에 알맞게 쓰세요.

그림을 보고 알맞은 한자를 찾아 ○하세요.

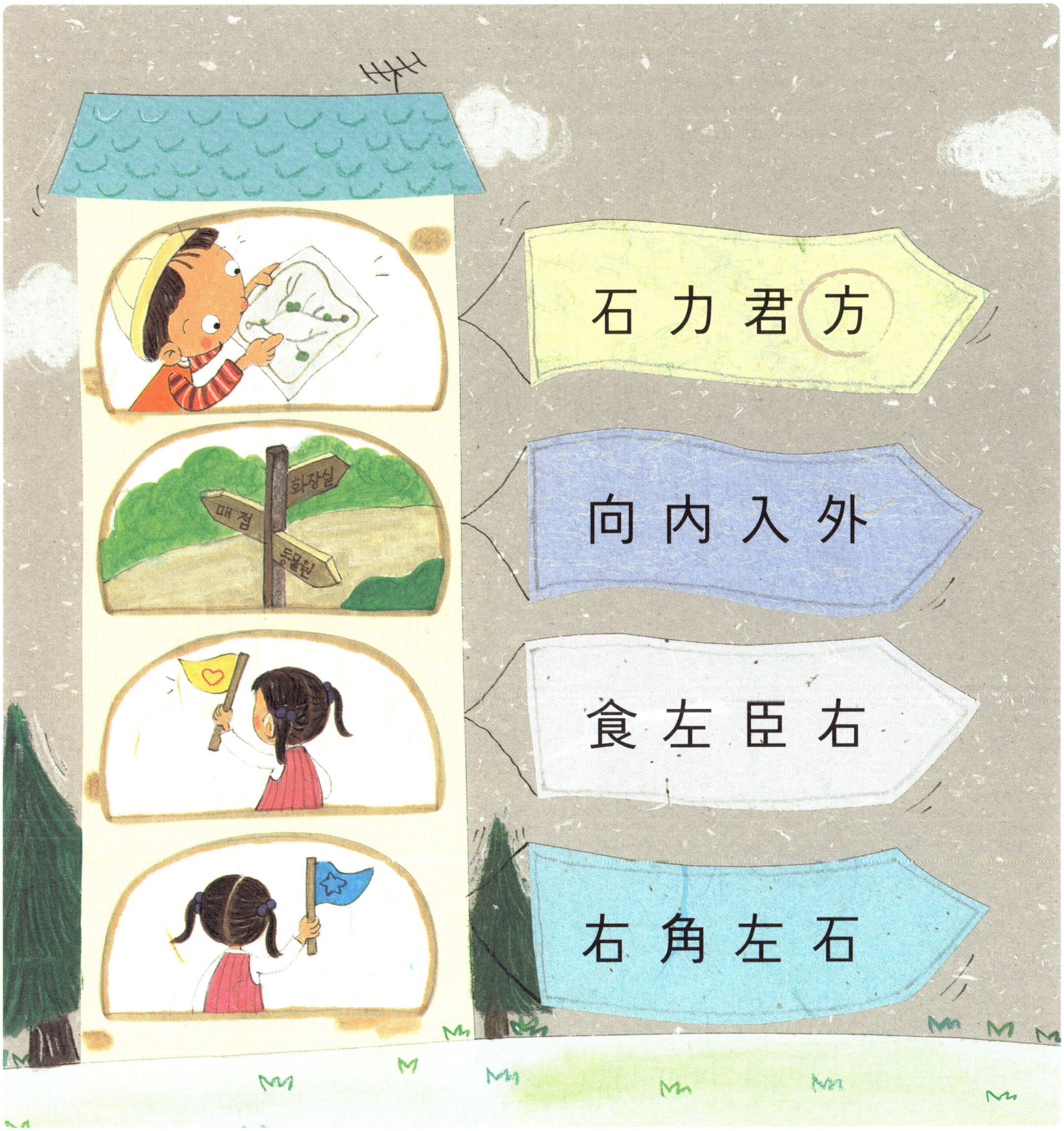

石 力 君 方
화장실
매점
동물원
向 内 入 外
食 左 臣 右
右 角 左 石

• 그림이 나타내는 의미를 찾고 알맞은 한자에 ○합니다.

빈 칸에 알맞은 한자를 쓰세요.

동화를 읽고 〈보기〉에서 알맞은 한자를 찾아 쓰세요.

청개구리

옛날에 엄마 [母] 청개구리 와 아들 [子] 청개구리가 살고 있었어요.

아들 청개구리는 엄마 말을 잘 듣지 않는 개구쟁이였어요.

오른쪽 [右] 으로 가라고 하면 왼쪽 [左] 으로 가고,

산 [山] 으로 가라고 하면 강 [江] 으로 갔어요.

"아들아, 엄마처럼 해 보렴. 개굴개굴 개굴개굴…"

"굴개굴개, 굴개굴개."

아들 청개구리는 엄마 말은 듣지 않고 모두 반대로만 했어요.

그러던 어느 날 엄마 청개구리는 병에 걸려 자리에 눕게 되었어요.

'산에 묻어 달라고 하면 분명히 강에 묻겠지?'

그래서 일부러 거꾸로 말하기로 했어요.

"아들아! 내가 죽거든 산에 묻지 말고 강가에 묻어 다오."

엄마 청개구리는 이렇게 말하고 곧 세상을 떠났어요.

아들 청개구리는 그제야 잘못을 뉘우치고 엄마 무덤을 강가에 만들었어요.

그러자 비 [雨] 오는 날이면 엄마 무덤이 떠내려갈까 봐 걱정이 되었어요.

그래서 지금도 비가 오는 날이면 강가를 향해서 [向] '개굴개굴' 울고 있답니다.

〈보기〉 江 子 左 右 山 母 雨 向

• 다른 동화나 신문 문장에서도 알고 있는 한자를 변환해 봅니다.

- 한자의 뜻과 소리를 쓰세요.

向 뜻: 소리:

方 뜻: 소리:

右 뜻: 소리:

左 뜻: 소리:

- 바르게 연결하세요.

　·　　·　方

　·　　·　向

　·　　·　右

　·　　·　左

● 빈 칸에 알맞은 한자를 쓰세요.

* 밤이 되자 너무 어두워서 [방] [향]을 분간할 수 없었습니다.

* 도로를 건널 때에는 [좌] [우]를 잘 살펴보아야 합니다.

* 우리 나라는 예로부터 [남] [향]으로 집을 지었습니다.

* [우] [회] [전]을 하면 학교가 보일 것입니다.

● 뜻·소리에 알맞은 한자를 쓰세요.

모/방위 방				
향할 향				
왼쪽 좌				
오른쪽 우				

서당(書堂) 이야기 2

서당에 입학한 학동들은 대부분 천자문(千字文)으로
하나하나의 한자에 대하여 훈음(뜻소리)을 깨우쳐 나갔습니다.
이렇게 하나하나의 한자를 깨우치고 나면 〈사자소학〉이나 〈동몽선습〉, 〈격몽요결〉 등
초보적인 문장의 뜻을 풀어나가는 훈련을 하였습니다.
이러한 책들을 떼어나가면서 문리(文理)가 트이는 걸 기뻐하는 마음으로
책거리를 하는 풍습도 있었습니다.
그리고 비로소 문리가 나면 〈논어〉〈맹자〉〈대학〉〈중용〉 등의 사서(四書)와
〈시경〉〈서경〉〈역경〉〈예기〉〈춘추〉 등의 5경(五經)을 배우게 됩니다.

서당을 세우는 것은 누구라도 자유로웠으며 그 유형은 여러 가지였습니다.
양반 사대부의 자식들을 자기 집에 모아 가르치는 경우,
부유한 집안에서 학식 높은 훈장을 자기 집안에 들여 자제의 독선생으로 삼는 경우,
또, 훈장 스스로가 자신의 소일을 위하여
이웃이나 친지들의 자제를 자신의 집에 학동으로 받아 수업하는 경우,
거꾸로 마을의 유지나, 지도 세력이 마을 전체의 공동 훈장님을 초빙하는 경우 등이 있었습니다.

— 계속 —

 해답

C4집 157a-168a

157a

157b

159a

159b

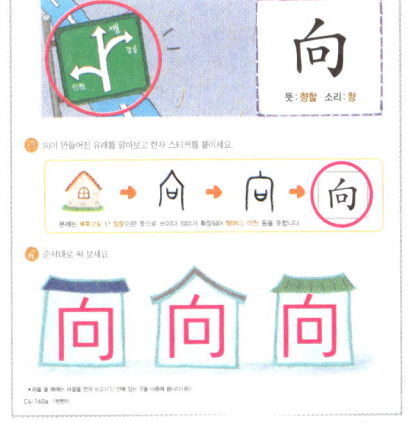
160a

160b

161a

161b

162a

기탄한자 C4-167b

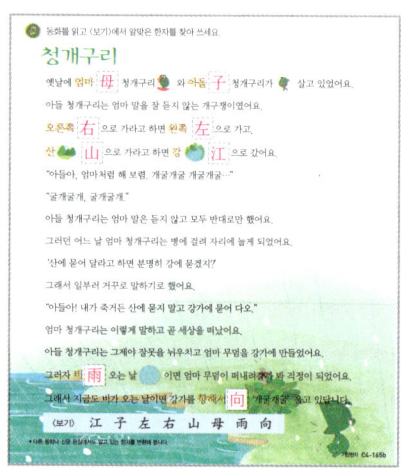

기탄한자 C4집 14호 **한자 카드**

方

向

左

右

向 향할 향	方 모/방위 방
右 오른쪽 우	左 왼쪽 좌

157b

158a

向
향할 향

方
모/방위 방

158b

右
오른쪽 우

左
왼쪽 좌

159a

 方

160a

 向

161a

 左

162a

 右

재미로 읽기

모/방위 방 方

펴낸이 : 정지향
펴낸곳 : (주)기탄교육
기획·편집·디자인 : 기탄교육연구소
주소 : 06698 서울특별시 서초구 효령로 40 기탄출판센터
등록 : 제2000-000098호
전화 : (02) 586-1007
팩스 : (02) 586-2337

※서점에 갈 시간이 없거나 구하기 어려운 분은 인터넷 또는 전화로 신청하세요. 즉시 우송해 드립니다.
● www.gitan.co.kr

ⓒ (주)기탄교육 All rights reserved.
저작권자의 동의 없이 본 교재를 무단으로 복제하거나 전재하는 것을 금합니다.

받아쓰기

- 엄마가 뜻·소리를 부르고 아이가 한자를 써 보도록 합니다.

14호에서 배운 한자를 다시 한번 써 보세요.

方					
모/방위 방					

向					
향할 향					

左					
왼쪽 좌					

右					
오른쪽 우					

C4집
169a-180a

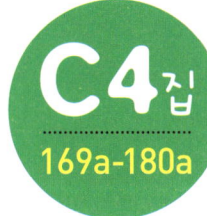

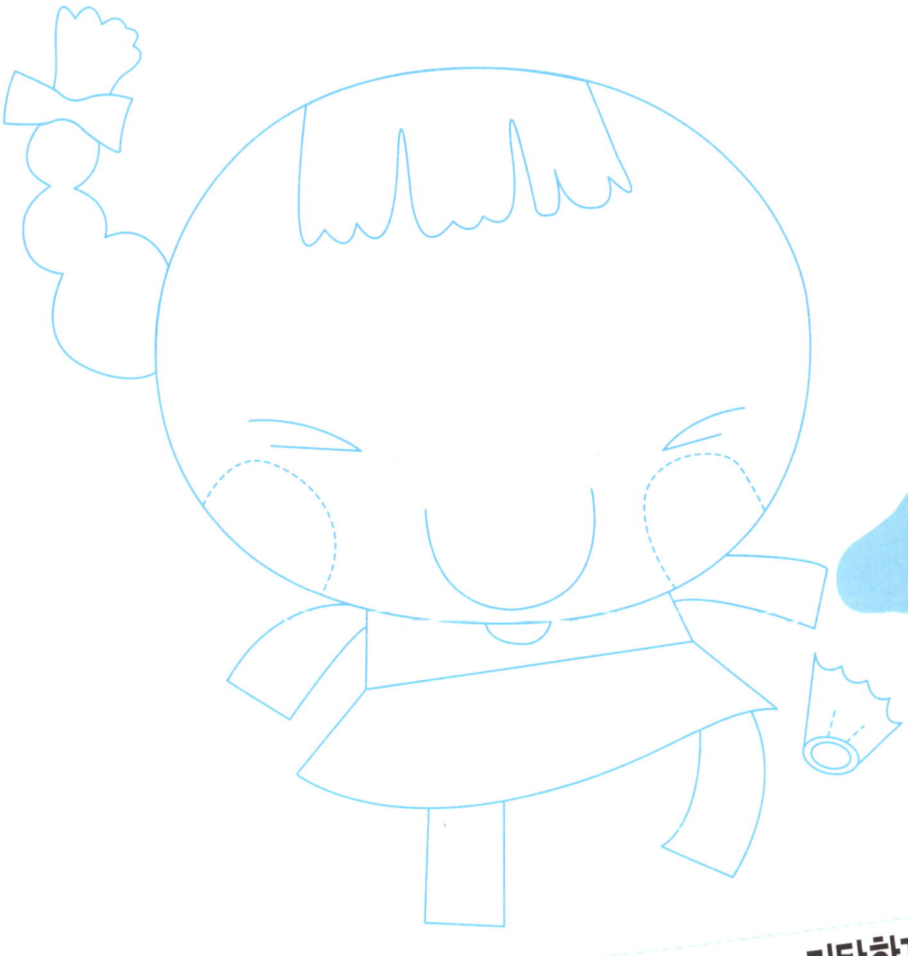

15호

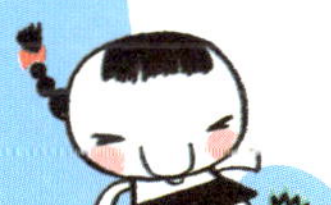

기탄한자 C단계 4집 169a~180a

그림으로 익히고 놀이로 기억하는 입체 한자 학습 프로그램

기탄®한자

C4집
15호
169a-180a

공부한 날   월   일 ~   월   일
            (원)교   반
이름   전화

www.gitan.co.kr

기탄교육

 ## C단계에서 배울 한자입니다.

	C단계						
1집	文, 化, 言, 才 兄, 弟, 交, 友 多, 少, 血, 肉 복습	2집	出, 入, 内, 外 去, 來, 立, 坐 光, 明, 行, 步 복습	3집	天, 地, 江, 河 毛, 皮, 角, 蟲 古, 今, 衣, 食 복습	4집	君, 臣, 兵, 卒 方, 向, 左, 右 **本, 末, 分, 合** 복습

※ 매주마다 학습한 한자를 누적하여 읽어 보세요.

학습진단 관리표

	훈음 읽기	훈음 쓰기	한자 쓰기	한자어 읽기	이번 주는?
금주평가	Ⓐ 아주 잘함 Ⓑ 잘함 Ⓒ 보통 Ⓓ 노력해야 함	Ⓐ 아주 잘함 Ⓑ 잘함 Ⓒ 보통 Ⓓ 노력해야 함	Ⓐ 아주 잘함 Ⓑ 잘함 Ⓒ 보통 Ⓓ 노력해야 함	Ⓐ 아주 잘함 Ⓑ 잘함 Ⓒ 보통 Ⓓ 노력해야 함	● 학습방법 ❶ 매일매일 ❷ 가끔 ❸ 한꺼번에 하였습니다. ● 학습태도 ❶ 스스로 잘 ❷ 시켜서 억지로 하였습니다. ● 학습흥미 ❶ 재미있게 ❷ 싫증내며 하였습니다. ● 교재내용 ❶ 적합하다고 ❷ 어렵다고 ❸ 쉽다고 하였습니다.
	지도 교사가 부모님께				부모님이 지도 교사께
종합평가	Ⓐ 아주 잘함	Ⓑ 잘함	Ⓒ 보통	Ⓓ 노력해야 함	

이번 주에는 本(근본 본), 末(끝 말), 分(나눌 분), 合(합할 합)을 배워요.

1일차 169a~170b
- 지난 호에서 학습한 方, 向, 左, 右를 복습합니다.
- 동화를 읽고 本, 末, 分, 合의 한자와 뜻, 소리를 알아봅니다.
- 한자 카드나 받아쓰기로 앞서 배운 한자를 복습합니다.

2일차 171a~172b
- 本, 末의 뜻, 소리, 모양, 자원, 필순, 한자어를 익힙니다.
- 木(나무 목)에 한 획을 더해 다른 의미의 한자가 됨을 설명합니다.
  예 : 本(근본 본), 末(끝 말), 未(아닐 미)

3일차 173a~174b
- 分, 合의 뜻, 소리, 모양, 자원, 필순, 한자어를 익힙니다.
- 分과 合은 서로 상대되는 뜻을 지닌 한자입니다.

4일차 175a~177b
- 176a에서 자원의 변화 과정을 이해하고 있는지 확인합니다.
- 176b에서 그림을 보고 뜻을 찾아 해당 한자에 표시하도록 합니다.

5일차 178a~180a
- 풀어보기를 통해 本, 末, 分, 合 학습을 마무리합니다.
- 풀어보기의 정답을 확인하여 틀린 문항의 학습을 도와 줍니다.
- 한자 보따리를 읽고 한자 학습에 흥미를 갖도록 합니다.

다시 보기

🖊 선을 따라 접은 후 이루어지는 한자의 뜻과 소리를 쓰세요.

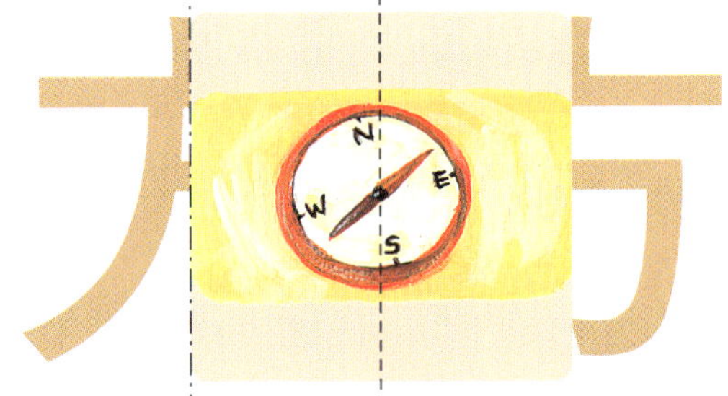

方 — 뜻: 소리:

向 — 뜻: 소리:

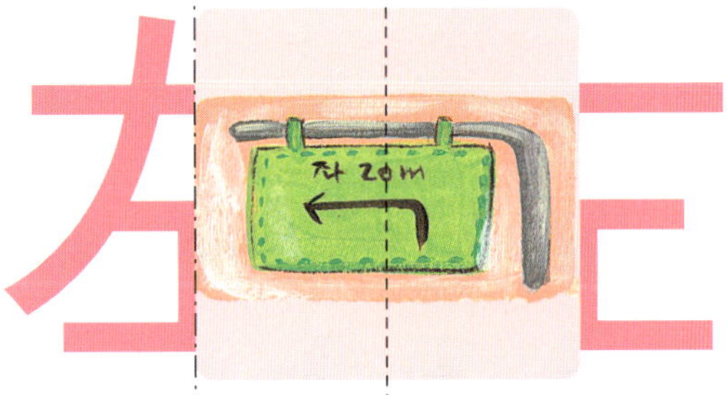

左 — 뜻: 소리:

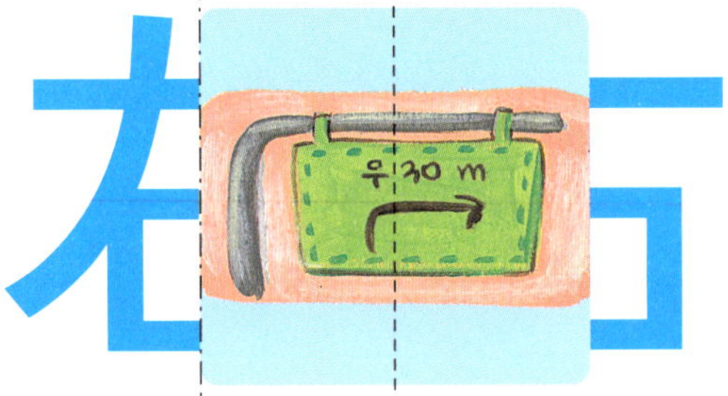

右 — 뜻: 소리:

밖으로 접는 선   안으로 접는 선

빈 곳에 스티커를 붙이고 빈 칸에 알맞게 쓰세요.

모/방위 방		

향할 향		

왼쪽 좌		

오른쪽 우		

向　方　右　左

• 지난 주에 익힌 方, 向, 左, 右의 뜻, 소리, 모양을 복습합니다.

들어가기

동화를 읽고 같은 모양의 한자를 찾아 스티커를 붙이세요.

심술궂은 개

심술궂은 개가 있었어요.
어느 날, 개는 먹을 것을 찾아 어슬렁거리고 있었어요.
개는 목장을 여기 저기 돌아다녔지만 뼈다귀 하나도 없었어요.
마지막으로 목장 끝(末)에 있는 외양간에 가 보았어요.
여물통에는 소의 밥인 마른풀이 잔뜩 들어 있었어요.
개는 여물통을 노려보며 투덜댔어요.

• 本의 뜻, 소리는 '근본 본'이지만 자연스러운 동화의 문맥을 위하여 '본래'로 적용했습니다.

"소가 먹을 밥은 이렇게 잔뜩 있군. 하지만 난 **본래**(本) 이런 건 먹을 수가 없어. 에라, 소도 못 먹도록 굶겨 주자."

개는 여물통 속으로 들어가 벌렁 드러누었어요. 얼마 뒤 소들이 돌아왔어요.

"아이 배고파! 개야, 우리 밥 좀 먹게 여물통에서 나와 주렴."

"안 돼, 누구 좋으라고 비켜 줘. 어림도 없다."

개는 소가 얼씬 못하도록 컹컹 짖어댔어요.

소들은 어처구니가 없어서 껄껄 웃었어요.

"개야, **나누어**(分) 먹지도 못하는 건데 왜 그러고 있니? 다른 동물들이 다 웃는다."

그제서야 개는 여물통에서 나와 비틀거리며 달아났어요.

소와 다른 동물의 웃음 소리가 **합해져서**(合) 목장 가득 울려 퍼졌어요.

• 동화를 읽고 本, 末, 分, 合의 한자와 훈음을 접해보고 쓰거나 암기하도록 하지 않습니다.

 本 알아보기

🔊 빈 곳에 알맞은 스티커를 붙이고 한자의 뜻과 소리를 읽어 보세요.

뜻 : 근본   소리 : 본

📝 本이 만들어진 유래를 알아보고 한자 스티커를 붙이세요.

나무의 뿌리 부분에 점을 찍어 그 곳이 뿌리임을 나타내어 근본, 기초를 뜻하는 한자입니다.

✏️ 순서대로 써 보세요.

• 本은 상형자가 아니라 뿌리 부분에 점을 찍어 나타낸 지사자입니다.

📝 本의 뜻, 소리, 모양을 쓰세요.

- 本은 _____ 을 뜻합니다.
- 本은 _____ 이라고 읽습니다.
- 근본 본은 _____ 이라고 씁니다.

📝 빈 칸에 本을 쓰고, 本이 쓰인 한자어를 익혀 보세요.

근 ☐ : 사물이 생겨나는데 바탕이 되는 것

☐ 인 : 그 사람 자신

📝 필순에 맞게 本을 써 보세요.

木부수 - 총 5획   一 十 才 木 本

本
근본 본

• 모양이 비슷한 한자와 구별에 유의합니다. 예 : 木(나무 목), 禾(벼 화), 未(아닐 미), 末(끝 말)

末 알아보기

🔊 빈 곳에 알맞은 스티커를 붙이고 한자의 뜻과 소리를 읽어 보세요.

뜻: 끝 소리: 말

📖 末이 만들어진 유래를 알아보고 한자 스티커를 붙이세요.

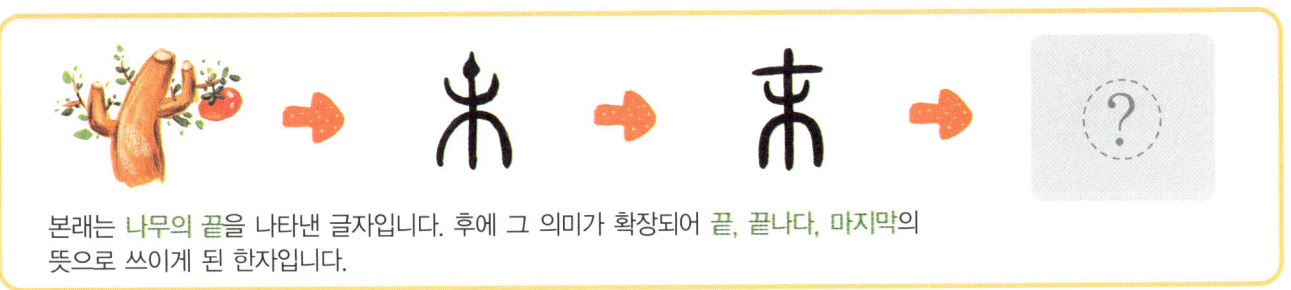

본래는 나무의 끝을 나타낸 글자입니다. 후에 그 의미가 확장되어 끝, 끝나다, 마지막의 뜻으로 쓰이게 된 한자입니다.

✏️ 순서대로 써 보세요.

• 末은 '未(아닐 미)'와 모양이 비슷하므로 모양을 잘 구별합니다. 위의 획이 길고 짧음에 따라 전혀 다른 한자가 됨을 설명해 줍니다.

🖉 末의 뜻, 소리, 모양을 쓰세요.

- 末은 _____ 을 뜻합니다.
- 末은 _____ 이라고 읽습니다.
- 끝 말은 _____ 이라고 씁니다.

🖉 빈 칸에 末을 쓰고, 末이 쓰인 한자어를 익혀 보세요.

☐ 일 : 어느 기간의 마지막 날

본 ☐ : 일의 처음과 끝, 뿌리와 끝

🖉 필순에 맞게 末을 써 보세요.

• 本과 末은 상대적 의미의 한자입니다.

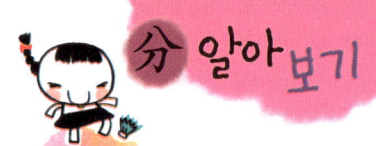 分 알아보기

🔊 빈 곳에 알맞은 스티커를 붙이고 한자의 뜻과 소리를 읽어 보세요.

뜻: 나눌 소리: 분

📄 分이 만들어진 유래를 알아보고 한자 스티커를 붙이세요.

칼로 물건을 잘라 두 쪽으로 나누어서 나누다라는 뜻을 나타낸 한자입니다.

✏️ 순서대로 써 보세요.

• 刀(칼 도)가 쓰였으므로 칼로 나누다, 분리하다를 뜻합니다.

📝 分의 뜻, 소리, 모양을 쓰세요.

- 分은 _____ 을(를) 뜻합니다.
- 分은 _____ 이라고 읽습니다.
- 나눌 분은 _____ 이라고 씁니다.

📝 빈 칸에 分을 쓰고, 分이 쓰인 한자어를 익혀 보세요.

☐ 교 : 본교에서 멀리 떨어진 다른 지역에 따로 세운 같은 계통의 학교

☐ 수 : 어떤 수를 다른 수로 나누는 것을 분자와 분모로 나타낸 것

📝 필순에 맞게 分을 써 보세요.

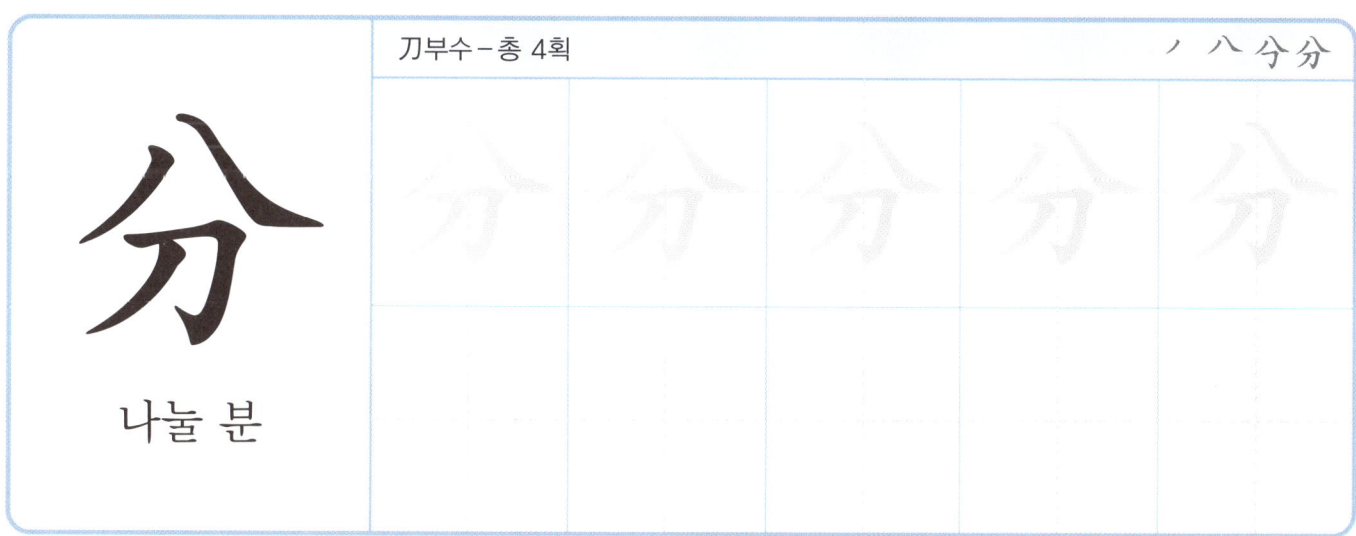

刀부수 - 총 4획   ノ 八 分 分

分
나눌 분

• 分의 부수인 刀에서 '나누다'라는 의미를 찾도록 합니다. 分을 쓸 때 刀를 力(힘 력)이 되지 않게 유의합니다.

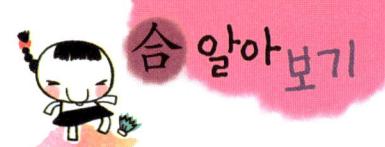 合 알아보기

🔊 빈 곳에 알맞은 스티커를 붙이고 한자의 뜻과 소리를 읽어 보세요.

뜻: 합할   소리: 합

📄 合이 만들어진 유래를 알아보고 한자 스티커를 붙이세요.

윗부분은 뚜껑이고, 아랫부분은 원형의 그릇으로 그릇과 뚜껑이 서로 합해져 있는 데서 합하다, 모으다를 뜻합니다.

✏️ 순서대로 써 보세요.

• 合은 分과 서로 반대되는 뜻을 지닌 한자입니다.

🖉 合의 뜻, 소리, 모양을 쓰세요.

- 合은 _____ 을(를) 뜻합니다.
- 合은 _____ 이라고 읽습니다.
- 합할 합은 _____ 이라고 씁니다.

🖉 빈 칸에 合을 쓰고, 合이 쓰인 한자어를 익혀 보세요.

☐ 창 : 여러 사람이 소리를 맞추어 노래함

☐ 심 : 마음을 합함

🖉 필순에 맞게 合을 써 보세요.

口부수-총 6획   ノ 人 人 合 合 合

合
합할 합

• 合은 '합하다'라는 뜻 이외에도 '잘맞다'라는 뜻이 있습니다.

다지기

🖊 빈 칸에 알맞은 뜻과 소리를 쓰세요.

本	
合	
分	
末	

근본 본   끝 말   나눌 분   합할 합

• 本, 末, 未(아닐 미) 모두 모양이 비슷하므로 구별하도록 합니다.

한자를 필순에 맞게 쓰세요.

근본 본

끝 말

나눌 분

합할 합

● 末은 첫 획을 길게 씁니다. (末) 첫 획이 짧으면 다른 한자가 됩니다. (未 : 아닐 미)

자원을 보고 빈 칸에 알맞게 쓰세요.

그림을 보고 알맞은 한자를 찾아 ◯하세요.

- 막대 끝의 잠자리, 피자의 나누어진 조각 등 그림이 나타내는 한자의 뜻을 생각하고 해당 한자에 ◯합니다.

✏️ 빈 칸에 알맞은 한자를 쓰세요.

本 末 分 合

🖊 동화를 읽고 〈보기〉에서 알맞은 한자를 찾아 쓰세요.

완두콩과 소녀

한 꼬투리 속에 완두콩 다섯 알이 살고 있었어요.

완두콩 다섯 알은 좁은 꼬투리 안 [內] 에서

항상 **합하여져** [ ] 살다 보니 바깥 세상이 궁금했어요. 어느 날이었어요.

갑자기 꼬투리가 흔들거리더니, 완두콩 다섯 알은 장난감 총의 총알이 되어

서로 **나뉘어** [ ] 헤어지게 되었어요.

끝 [ ] 에 있던 막내 완두콩은 어느 가난한 집에 떨어졌어요.

그 집에는 병든 **소녀** [ ][ ] 가 살고 있었어요.

겨울이 **가고** [ ] 봄이 왔어요 [ ].

완두콩도 파릇파릇한 새싹을 피웠어요.

"저 완두콩은 아무도 돌봐 주지 않아도 싹이 저렇게 텄구나!

나도 **본래** [ ][來] 건강했으니까 나을 수 있을거야."

하고 소녀가 말했이요.

막내 완두콩은 자기를 보고 소녀가 희망을 갖게 된 것이 무척 기뻤어요.

〈보기〉 去 少 女 合 來 分 本 內 末

- 한자의 뜻과 소리를 쓰세요.

 뜻:　　　소리:　　　　　　 뜻:　　　소리:

 뜻:　　　소리:　　　　　　 뜻:　　　소리:

- 바르게 연결하세요.

● 빈 칸에 알맞은 한자를 쓰세요.

　＊선생님께서는 그 일의 　본　말　을 들으시더니 저를 칭찬해 주셨습니다.

　＊그 　분　교　는 산 속 깊은 곳에 자리하고 있습니다.

　＊내일 　합　창　 대회가 있습니다.

　＊무엇보다 　본　인　의 의사가 중요합니다.

● 뜻·소리에 알맞은 한자를 쓰세요.

근본 본				
끝 말				
나눌 분				
합할 합				

서당(書堂) 이야기 3

옛날 서당에서는 훈장님의 가르침과 더불어 회초리가 자주 등장합니다.

회초리를 뜻하는 한자는 攴(=攵 : 칠 복)이 있습니다.

그래서 攴이 쓰인 한자들을 살펴보면 회초리로 때려 가르친다는 뜻을 나타냅니다.

| 教
가르칠 교 | 敎의 본래 자형은 학교의 건물 모양을 나타내는 學(학)에 회초리를 뜻하는 攴을 합하여 斅(가르칠 교)로 나타내었습니다. |

학교
건물 ── 斅 ── 회초리를
모양　　　　　　손에 든 모양

| 牧
칠 목 | 소를 채찍으로 때려서 먹이고 기르는 것을 牛와 攴을 합하여 牧으로 표현하였습니다. |

소 ── 牧 ── 회초리

이렇게 회초리를 뜻하는 한자가 가르치는 것을 의미하는 한자로 자주 쓰이는 것은

당시 서당 교육에서 공부를 하지 않는 아이에게는 자주 체벌이 가해졌기 때문입니다.

당시에는 회초리로 때리는 것에 대한 비판은 생각해 볼 수도 없는

아주 중요한 교육의 한 방편이었음을 알 수 있습니다.

해답

C4집
169a-180a

169a

169b

171a

171b

172a

172b

173a

173b

174a

기탄한자 C4-179b

174b

175a

175b

176a

176b

177a

177b

178a

178b

本

末

分

合

펴낸이 : 정지향
펴낸곳 : (주)기탄교육
기획·편집·디자인 : 기탄교육연구소
주소 : 06698 서울특별시 서초구 효령로 40 기탄출판센터
등록 : 제2000-000098호
전화 : (02) 586-1007
팩스 : (02) 586-2337

※서점에 갈 시간이 없거나 구하기 어려운 분은 인터넷 또는 전화로 신청하세요. 즉시 우송해 드립니다.
● www.gitan.co.kr

ⓒ (주)기탄교육 All rights reserved.
저작권자의 동의 없이 본 교재를 무단으로 복제하거나 전재하는 것을 금합니다.

받아쓰기

• 엄마가 뜻·소리를 부르고 아이가 한자를 써 보도록 합니다.

15호에서 배운 한자를 다시 한번 써 보세요.

本					
근본 본					

末					
끝 말					

分					
나눌 분					

合					
합할 합					

C4집
181a-192a

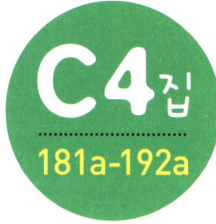

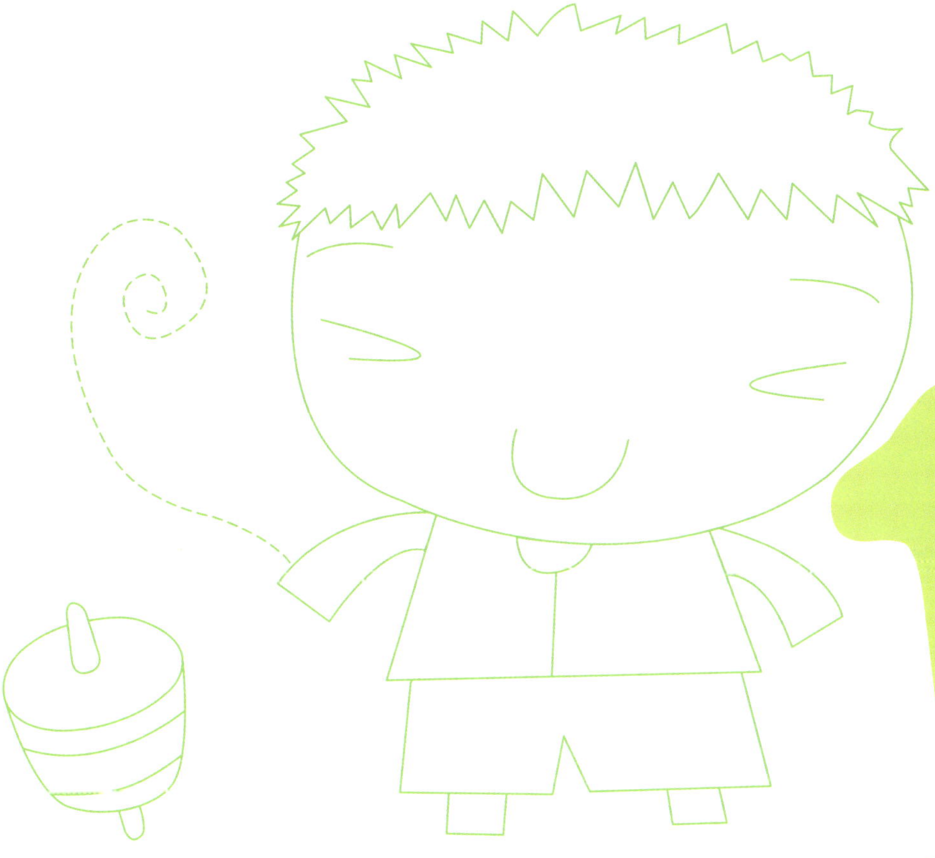

16호

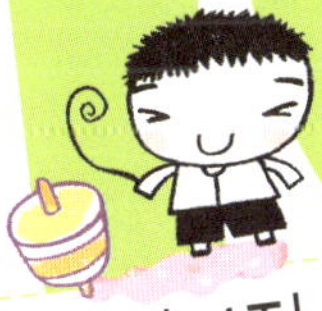

기탄한자 C단계 4집 181a~192a

그림으로 익히고 놀이로 기억하는 입체 한자 학습 프로그램

기탄®한자

C4집 16호
181a-192a

공부한 날   월   일 ~   월   일
           (원)교   반
이름   전화

www.gitan.co.kr

기탄교육

C단계에서 배울 한자입니다.

	C단계						
1집	文, 化, 言, 才 兄, 弟, 交, 友 多, 少, 血, 肉	2집	出, 入, 內, 外 去, 來, 立, 坐 光, 明, 行, 步	3집	天, 地, 江, 河 毛, 皮, 角, 蟲 古, 今, 衣, 食	4집	君, 臣, 兵, 卒 方, 向, 左, 右 本, 末, 分, 合
복습		복습		복습		복습	

※ 매주마다 학습한 한자를 누적하여 읽어 보세요.

학습진단 관리표

	훈음 읽기	훈음 쓰기	한자 쓰기	한자어 읽기	이번 주는?
금주평가	Ⓐ 아주 잘함 Ⓑ 잘함 Ⓒ 보통 Ⓓ 노력해야 함	Ⓐ 아주 잘함 Ⓑ 잘함 Ⓒ 보통 Ⓓ 노력해야 함	Ⓐ 아주 잘함 Ⓑ 잘함 Ⓒ 보통 Ⓓ 노력해야 함	Ⓐ 아주 잘함 Ⓑ 잘함 Ⓒ 보통 Ⓓ 노력해야 함	● 학습방법 ❶ 매일매일 ❷ 가끔 ❸ 한꺼번에 하였습니다. ● 학습태도 ❶ 스스로 잘 ❷ 시켜서 억지로 하였습니다. ● 학습흥미 ❶ 재미있게 ❷ 싫증내며 하였습니다. ● 교재내용 ❶ 적합하다고 ❷ 어렵다고 ❸ 쉽다고 하였습니다.
	지도 교사가 부모님께				부모님이 지도 교사께

종합평가	Ⓐ 아주 잘함	Ⓑ 잘함	Ⓒ 보통	Ⓓ 노력해야 함

C4집
181a-192a

이번 주에는 **C13, C14, C15호**에서 배운 한자를 복습해요.

이렇게 **도와** 주세요

1일차 181a~182b
- C단계 4집에서 배운 12자의 뜻, 소리를 읽어봅니다.
- 어려워하는 한자를 위주로 학습하면 효과적입니다.
- 한자 브로마이드로 C단계 한자를 복습합니다.

2일차 183a~184a
- 左와 右는 아이들이 대체로 혼동을 많이 하므로 기억할 수 있는 요소를 넣어 지도합니다. (예: 左와 한글 좌의 모양의 유사성, 右의 口를 한글 '우'의 ㅇ과 연관지어 설명)

3일차 184b~186b
- 186ab쪽에서는 제시된 문항 이외 아이가 알고 있는 한자로 바꾸어 써 보면 효과적입니다.
(예: 마을→里, 풀→草, 먹었으면→食, 눈→目)

4일차 187a~189a
- 12자의 한자를 여러 가지 방법을 활용해서 기억하도록 합니다.
- 유난히 어려워하는 한자는 카드를 이용하여 함께 놀이학습으로 도와 줍니다.

5일차 189b~192a
- 총괄평가를 통해 C단계에서 배운 48자의 성취도를 평가합니다.
- 8세 미만의 경우는 훈음읽기를 목표로 정하고 쓰기를 강요하지 않고 탄력적으로 진도를 적용합니다.

복습해요

🔊 한자의 뜻과 소리를 말해 보세요.

君	 臣	 兵	 卒
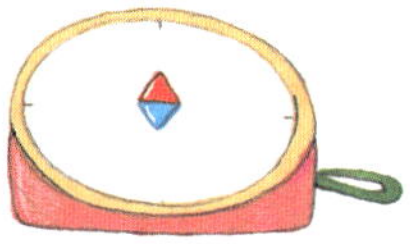 方	 向	 左	 右
 本	 末	 分	 合

● C4집 13호, 14호, 15호에서 배운 한자를 복습합니다. 모르는 한자는 한자 카드를 통해 복습합니다.

한 번 더! 君 臣 兵 卒

어떤 한자를 배웠나요? 스티커를 붙이고 알맞은 한자를 쓰세요.

임금 군 — 君	신하 신 — 臣
병사 병 — 兵	병졸/마칠 졸 — 卒

君 兵 臣 卒

• C4집 13호에서 배운 한자를 복습합니다.

동물이 설명하고 있는 한자는 무엇일까요? 빈 칸에 쓰세요.

📝 빈 칸에 알맞은 한자를 쓰세요.

세종대왕은 백성을 사랑하는 君주 였다.

"저런 충 신 을 몰라보다니!"

남한의 병사 와 북한의 병사 가 우정을 나누었다.

빛나는 졸업장 을 타신 언니께

君 臣 卒 兵

● 君주 ➡ 君主, 兵사 ➡ 兵士로 바꾸어 써 봅니다.

한 번 더! 方 向 左 右

어떤 한자를 배웠나요? 스티커를 붙이고 알맞은 한자를 쓰세요.

모/방위 방

향할 향

왼쪽 좌

오른쪽 우

左 向 方 右

• C4집 14호에서 배운 한자를 복습합니다.

동물이 설명하고 있는 한자는 무엇일까요? 빈 칸에 쓰세요.

📝 빈 칸에 알맞은 한자를 쓰세요.

해바라기꽃의 방향은 항상 해를 향해요.

언덕 위에 그림 같은 남향 집을 짓고 싶어요.

내 친구들이 좌우에 있어요.

아빠의 자동차가 우회전 하는 그 순간!

左　右　方　向

• 方향 ➔ 方向, 좌右 ➔ 左右로 바꾸어 써 봅니다.

 本 末 分 合

어떤 한자를 배웠나요? 스티커를 붙이고 알맞은 한자를 쓰세요.

근본 본

끝 말

나눌 분

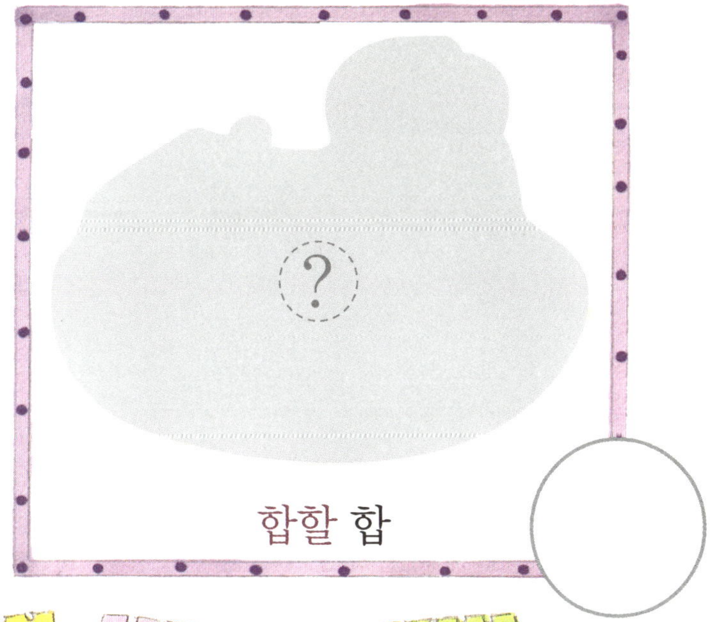

합할 합

本　末　分　合

• C4집 15호에서 배운 한자를 복습합니다.

동물이 설명하고 있는 한자는 무엇일까요? 빈 칸에 쓰세요.

📝 빈 칸에 알맞은 한자를 쓰세요.

자기 자신을 가리켜
본 인
☐ 인 이라고 합니다.

말 일
이번 달 ☐ 일 에 용돈을 타요.

학생수가 적은 양촌 분 교
☐ 교 는
1,2,3학년이 한 교실에서 배웁니다.

합 심
☐ 심 하여 최선을 다했습니다.

本　　合　　分　　末

• 本인 ➜ 本人, 末일 ➜ 末日, 合심 ➜ 合心으로 바꾸어 써 봅니다.

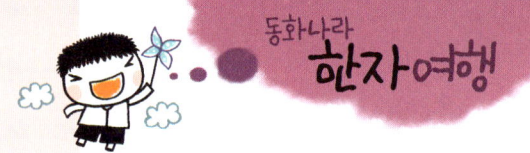

✏️ 동화를 읽고 빈 칸에 알맞은 한자를 쓰세요.

산딸기 임금님

숲 속 작은 마을에 두 자매가 살았어요.

어느 날 자매는 숲 속에서 산딸기를 잔뜩 따왔어요.

그런데 딸기를 씻다가 조그만 **벌레** 蟲 를 보았어요.

"에그머니, 벌레잖아. 어휴, 징그러워."

"언니, 벌레가 불쌍해. 버리지 말고, 풀잎에 올려 주자."

다음 날, 자매는 산딸기를 따러 갔다가 길을 잃었어요.

오른쪽 ☐ 으로도 가 보고, **왼쪽** ☐ 으로도 가 보았어요.

君
臣
方
卒
兵
向

"너무 어두워서 집으로 가는 **방향** ☐☐ 을 알 수 없네.

너무 춥고 배고프다. 따뜻한 빵과 코코아나 먹었으면 좋겠다.

침대에서 포근히 자고 싶고."하고 언니가 말하자

갑자기 빵과 코코아가 놓인 테이블이 있는 방이 나타났어요.

자매는 실컷 먹고 푹신한 침대에서 잠이 들었어요.

이튿날 아침, 눈을 뜬 두 자매 앞에 어떤 할아버지가 서 ☐ 있었어요.

"할아버지는 누구세요?"

"난 산딸기 **임금** ☐ 이란다. 너희가 벌레로 변한 나를 살려 주었지."

산딸기 임금님은 두 자매에게 산딸기와 산딸기 모양의 금팔찌를 선물로 주고

집에 데려다 주었어요.

左
右
本
蟲
末
立

다지기

✏️ 관계있는 것끼리 연결하고 빈 칸에 한자를 쓰세요.

君	임금 군 君
도	근본 본
兵	끝 말
本	병졸/마칠 졸
卒	신하 신
末	병사 병 兵

C4-187a 기탄한자

分

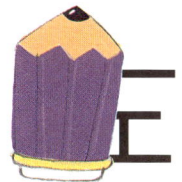左

方

右

合

向

  나눌 분

  합할 합

  모/방위 방

  오른쪽 우

  왼쪽 좌

  향할 향

빈 칸에 뜻과 소리를 쓰고 필순에 맞게 한자를 쓰세요.

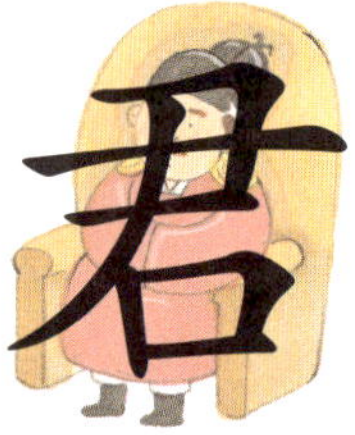

君				
임금 군	ㄱ ㄱ ㅋ 尹 尹 君 君			
臣				
	一 丆 工 五 豆 臣			
兵				
	一 丆 斤 丘 丘 兵 兵			
卒				
	、 亠 广 六 亣 厼 卒 卒			

C4-188a 기탄한자

빈 칸에 뜻과 소리를 쓰고 필순에 맞게 한자를 쓰세요.

• 左와 右의 필순에 유의합니다.

📝 빈 칸에 뜻과 소리를 쓰고 필순에 맞게 한자를 쓰세요.

- 末(끝 말)을 쓸 때 위의 획을 길게 합니다. 未(아닐 미)와 구별합니다.

C단계 총괄평가

기탄한자 가족 여러분
C단계의 학습을 모두 마쳤어요.
재미있었나요?
다음 문제를 풀어보고 아래의
진도표를 참고하여 학습하세요.

평가 결과 및 향후 진도

평가일	년　　　월　　　일	
소 요 시 간	시　　분 ~ 시　　분	
평 가 결 과	정답 수	향후 진도
	63~84문항	아주 잘했어요. 다음 단계인 D1집 1호로 진행하세요.
	46~62문항	약간 부족해요. C단계 복습호를 다시 한 번 공부하세요.
	45문항 이하	많이 부족해요. C1집부터 다시 공부하세요.

- 정확한 평가와 향후 진도 결정을 위해 총괄평가시 주변 환경을 시험보는 분위기로 조성해 줍니다.
- 7세 미만 아동의 경우 부모님의 판단에 의한 탄력적 진도 운용이 가능합니다.
- 총괄평가 실시 후 반드시 채점을 하고 적절한 동기유발과 보상을 해 줍니다.

● 선을 따라 잘라서 풀어 보세요.

훈음 알기

● 한자의 뜻과 소리를 쓰세요.

1. 文   뜻: 소리:
2. 本   뜻: 소리:
3. 立   뜻: 소리:
4. 入   뜻: 소리:
5. 兄   뜻: 소리:
6. 今   뜻: 소리:
7. 交   뜻: 소리:
8. 皮   뜻: 소리:
9. 君   뜻: 소리:
10. 少   뜻: 소리:
11. 血   뜻: 소리:
12. 肉   뜻: 소리:
13. 出   뜻: 소리:
14. 才   뜻: 소리:
15. 內   뜻: 소리:
16. 外   뜻: 소리:
17. 去   뜻: 소리:
18. 來   뜻: 소리:
19. 言   뜻: 소리:
20. 坐   뜻: 소리:
21. 向   뜻: 소리:
22. 行   뜻: 소리:
23. 光   뜻: 소리:
24. 步   뜻: 소리:

25. 天
뜻: 소리:

26. 合
뜻: 소리:

27. 江
뜻: 소리:

28. 河
뜻: 소리:

29. 毛
뜻: 소리:

30. 友
뜻: 소리:

31. 角
뜻: 소리:

32. 蟲
뜻: 소리:

33. 古
뜻: 소리:

34. 弟
뜻: 소리:

35. 衣
뜻: 소리:

36. 食
뜻: 소리:

37. 多
뜻: 소리:

38. 臣
뜻: 소리:

39. 兵
뜻: 소리:

40. 卒
뜻: 소리:

41. 方
뜻: 소리:

42. 明
뜻: 소리:

43. 左
뜻: 소리:

44. 右
뜻: 소리:

45. 化
뜻: 소리:

46. 末
뜻: 소리:

47. 分
뜻: 소리:

48. 地
뜻: 소리:

● 빈 칸에 알맞은 한자를 쓰세요.

49. 글월 문	50. 말씀 언	51. 앉을 좌	52. 안 내
53. 형 형	54. 벗 우	55. 많을 다	56. 피 혈
57. 날 출	58. 설 립	59. 밝을 명	60. 다닐/항렬 행/항
61. 하늘 천	62. 강 강	63. 털 모	64. 벌레 충
65. 옛 고	66. 옷 의	67. 임금 군	68. 병졸/마칠 졸
69. 모/방위 방	70. 왼쪽 좌	71. 나눌 분	72. 합할 합

● 〈보기〉와 같이 해당 한자가 들어간 한자어를 2개 이상 써 보세요.

〈보기〉　　文 – 문화　　기행문　　문인　　문장

73. 言

74. 友

75. 多

76. 出

77. 立

78. 行

79. 天

80. 毛

81. 衣

82. 君

83. 方

84. 分

해답

181b

182a

182b

183a

183b

184a

184b

185a

185b

C단계에서 배운 한자

※ 벽에 붙여 놓고 반복해서 익혀 보세요.

文	化	言	才	兄	弟
글월 문	될 화	말씀 언	재주 재	형 형	아우 제
交	友	多	少	血	肉
사귈 교	벗 우	많을 다	적을 소	피 혈	고기 육
出	入	內	外	去	來
날 출	들 입	안 내	밖 외	갈 거	올 래
立	坐	光	明	行	步
설 립	앉을 좌	빛 광	밝을 명	다닐/항렬 행/항	걸을 보
天	地	江	河	毛	皮
하늘 천	땅 지	강 강	물 하	털 모	가죽 피
角	蟲	古	今	衣	食
뿔 각	벌레 충	옛 고	이제 금	옷 의	먹을 식
君	臣	兵	卒	方	向
임금 군	신하 신	병사 병	병졸/마칠 졸	모/방위 방	향할 향
左	右	本	末	分	合
왼쪽 좌	오른쪽 우	근본 본	끝 말	나눌 분	합할 합

기탄한자 **C4** 집 181a~192a

181b

184b

183a

君	臣	兵	卒
임금 군	신하 신	병사 병	병졸/마칠 졸
方	向	左	右
모/방위 방	향할 향	왼쪽 좌	오른쪽 우
本	末	分	合
근본 본	끝 말	나눌 분	합할 합

C단계에서 배운 한자의 뜻과 소리를 말해 보세요.

天	地	江	河
하늘 천	땅 지	강 강	물 하
毛	皮	角	蟲
털 모	가죽 피	뿔 각	벌레 충
古	今	衣	食
옛 고	이제 금	옷 의	먹을 식

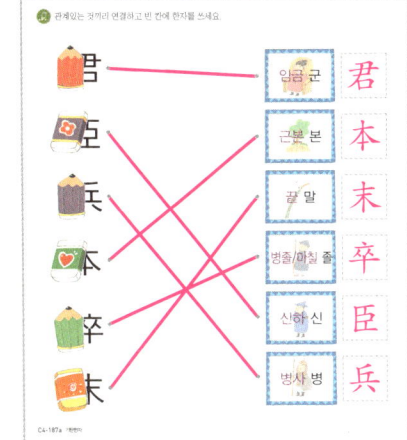

펴낸이 : 정지향
펴낸곳 : (주)기탄교육
기획·편집·디자인 : 기탄교육연구소
주소 : 06698 서울특별시 서초구 효령로 40 기탄출판센터
등록 : 제2000-000098호
전화 : (02)586-1007
팩스 : (02)586-2337

※서점에 갈 시간이 없거나 구하기 어려운 분은 인터넷 또는 전화로 신청하세요. 즉시 우송해 드립니다.
● www.gitan.co.kr

ⓒ (주)기탄교육 All rights reserved.
저작권자의 동의 없이 본 교재를 무단으로 복제하거나 전재하는 것을 금합니다.

"가장 좋은 교육은 엄마의 칭찬입니다"

壯元及第賞
장 원 급 제 상

사랑하는 _____ (이)가

기탄한자 C단계를 훌륭하게 마쳤으므로

엄마(아빠)가 이 상장과 함께 부상으로

_____ (을)를 선물합니다.

장하다! 우리 _____ !

년   월   일

칭찬은 아이를 춤바추고 큰 사람이 되게 하는 가장 좋은 교육입니다.
기탄에서 C단계를 훌륭하게 끝마친 것을 크게 칭찬해 주시고, 열심히 공부하면 반드시 좋은 결과가 뒤따른다는 인식을 심어 주기 위해 작은 것이라도 꼭 보상을 해 주세요.
아이는 "공부는 즐거운 것, 공부가 달콤한 것"으로 기억하게 되며, 자연스럽게 공부하는 습관을 가지게 됩니다.
부상으로는 아이가 좋아하는 것을 정해 꼭 실천해 주세요.

※ 예: 음식(피자, 자장면, 떡볶이 등), 견학(미술관, 영화관, 음악회, 여행 등), 선물(동화책, 장난감, 모자, 양말 등), 기타(놀이동산 가기, 아빠랑 축구하기, 게임하기 등)

기획·편집·디자인 기탄교육연구소
주소 06698 서울특별시 서초구 효령로 40 기탄출판센터 | **전화** (02) 586-1007 | **팩스** (02) 586-2337
ⓒ (주)기탄교육 All rights reserved. 본 교재의 저작에 관한 모든 권리는 (주)기탄교육에 있습니다. 저작권자의 동의 없이 본 교재를 무단으로 복제하거나 전재하는 것을 금합니다.